Lukas Tobler
In dir steckt Großartigkeit

Lukas Tobler

In dir steckt Großartigkeit

Rediroma-Verlag

Bibliografische Information der Deutschen Nationalbibliothek:
Die Deutsche Nationalbibliothek verzeichnet diese Publikation in der Deutschen Nationalbibliografie; detaillierte bibliografische Daten sind im Internet über http://portal.dnb.de abrufbar.

ISBN 978-3-96103-995-1

www.rediroma-verlag.de
14,90 Euro (D)

Dieses Buch widme ich allen Überfliegern, die erkannt haben, dass ihre Zeit gekommen, sich in ihrer Großartigkeit zu zeigen. Die Welt verändert sich rasant und für die meisten Menschen nicht auf eine Art und Weise, die sie sich erträumt hatten. Umso wichtiger ist es, dass immer mehr mutige bewusste Leuchttürme den Weg weisen – ich nenne sie Überflieger; Menschen, die dem Ruf ihrer Seele und nicht blind dem Trend der Zeit oder Meinungen anderer folgen.

Stimmen zum Buch

„Ich habe während der letzten Jahre eine Vielzahl an Büchern zur Persönlichkeitsentwicklung gelesen und dieses ist bei weitem eines der besten mit einer besonders hohen Dichte an „Golden Nuggets". Es ist eine gelungene Mischung aus Erkenntnissen für das eigene unerschütterliche Gewinner-Mindset und wertvollen Actions Impulsen für den Leser, um die eigenen Träume auch in die Tat umzusetzen. Entfessle deine innere unbegrenzte Kraft und werde zum Überflieger! Es ist einfach ein geiles Buch! Der Name ist Programm! Mir hat es sehr dabei geholfen mir zu erlauben, noch mehr nach den Sternen zu greifen! Herzlichen Dank Lukas.

Thomas Wasik, Persönlichkeitstrainer, Schauspieler, Moderator

„Das ist ein sehr inspirierendes und ermutigendes Buch für Menschen, die ihr wahres Potenzial leben möchten. Lukas Tobler weiss wovon er spricht, wenn es um die Herausforderungen auf dem persönlichen Erfolgsweg geht. Mit seinem umfassenden Wissen rund um Persönlichkeitsentwicklung, Grenzerfahrungen und Erfolgsdenken, gibt er wertvolle Strategien weiter, die Mut und Lust machen ganzheitlich in allen Lebensbereichen Verantwortung für sich selbst zu übernehmen. Es gibt keine Ausflüchte mehr am Ende der Lektüre, den Weg des Wachstums mit Leichtigkeit weiterzugehen!"

Bettina Mersmann, Top-Networkering und Next Level Coach

„Ein Buch, auf das ich wirklich gewartet habe. Ich glaube, noch nie war mir so klar, wie wichtig es ist auf sein inneres Ich zu hören. Lukas schafft es wirklich, die fundamentalen To Dos beim Namen zu nennen. Nicht nur die Kunst, mit sich selbst zufrieden und glücklich zu sein, sondern auch das maximale Potenzial aus sich herauszukitzeln oder die richtige Atmung, Haltung und Mimik zu trainieren. Das und noch viel mehr gibt diesem Buch das Benzin, welches jeder tanken sollte. Der Blick über die eigenen Grenzen hinaus und auch falsche Wege zu erkennen, vermittelt Lukas perfekt und trifft damit den Nagel auf den Kopf. Dieses Buch sollte in der Schule Pflicht sein. Danke Lukas."

Marc Barthel, Schauspieler, Sänger und Unternehmer

„Das Buch kann ich jedem Menschen empfehlen, der wirklich etwas in seinem Leben verändern und vor allem sich selbst besser verstehen möchte. Der Inhalt ist leichtverständlich geschrieben und die Leser werden durch Fragen mit einbezogen, wodurch sie aktiv aufgefordert sind, sich mit sich selbst zu beschäftigen. Lukas basiert den Inhalt nicht nur auf seinen eigenen Erfahrungen, sondern untermauert ihn durch eine Reihe von Studien, was diesem Buch ein solides Fundament gibt."

Pedro Lopes, Spirit & Life Changer, zert. Quantum Healer

„Dieses Buch ist ein beeindruckendes Werk und ein Muss für jeden, der seiner Intuition folgen und die richtigen Handlungen entdecken möchte, um seine eigene Berufung zu finden. Lukas versetzt den Leser authentisch aus der eigenen Komfortzone heraus und beweist, wie man die eigenen Ziele, Herausforderungen und Träume erreicht und nachhaltig und wirksam umsetzt."

Aisha Rokovsky, preisgekrönte Lifestyle- und Beauty-Expertin, Persönlichkeits-Managerin, Speakerin, Autorin

„Lukas Tobler ist mit seinem neuen Buch „In dir steckt Großartigkeit“ ein Werk gelungen, das den Leser auf eine Transformationsreise mitnimmt. Jeder Mensch muss sich immer wieder mit seinen eigenen Limitierungen auseinandersetzen, um seine wahren Lebensträume zu verwirklichen. Wer diese Grenzen in sich überwindet, und das immer wieder, der kann auch einen Erfolg nach dem anderen feiern. Aber nicht nur das. In Wahrheit suchen wir Menschen die Rückverbindung an die göttliche Quelle. Dann haben wir nicht nur Erfolg im Leben, sondern auch die Erfüllung. Das Buch hat das Potenzial, dich dort hinzuführen.“

Asim Aliloski, Bestseller Autor, spiritueller Business & Life Coach

Inhaltsverzeichnis

Kapitel 1

Zufriedenheit - Auf Messers Schneide

„Die BLINDHEIT, die für viele mit dem wachsenden Erfolg kommt, nimmt gefährliche Ausmaße an, wenn sie unsere GROßARTIGKEIT unterbindet.“

In jedem Menschen steckt ein Überflieger

Überflieger sind ganz normale Menschen und doch unterscheidet sich ihre Art zu denken, zu handeln und zu fühlen wesentlich von der großen Mehrheit. Sie sind überdurchschnittlich erfolgreich und erfüllt, und das über einen langen Zeitraum. Überflieger begegnen allen Menschen auf Augenhöhe, haben es nicht nötig sich zu inszenieren oder das Gefühl von Unzulänglichkeit durch äußere Erfolge, Auszeichnungen oder selbstverherrlichende Verhaltensweisen zu kompensieren. Denn ein tatsächlicher Überflieger erkennt seinen wahren Ursprung, der alle Lebewesen verbindet und der durch keine Äußerlichkeiten verurteilt, bewertet oder ausgrenzt.

Weltlicher Erfolg ist kein Gradmesser noch eine geeignete Definition für den Überflieger, der seine Großartigkeit durch sich zum Ausdruck bringt. Es sind normale Menschen, die auf tiefe Weise die Herzen anderer Menschen berühren, weil sie ihnen durch ihren Erfolg ein gutes Vorbild sind, an das Potenzial ihrer Mitmenschen glauben und sie darin unterstützen, es zu entwickeln. Sie haben sich einer Vision oder Lebensaufgabe verpflichtet, die größer als sie selbst ist. Wahre Überflieger haben keine Angst überholt zu werden, weil sie irrtümlicherweise glauben, dass ihre eigene Vollkommenheit darunter leidet. Sie sind in sich erfüllt und ihr Erfolg ist lediglich eine natürliche Erweiterung ihres inneren Zustandes. Nichts erfüllt sie mehr, als andere in ihrer Großartigkeit zu erleben. Es sind Menschen, die nicht durch ihren Schein, sondern ihr Sein beeindrucken.

Überflieger kommen äußerst selten als solche auf die Welt. In der Tat durchleben sie ebenso viele Rückschläge, Niederlagen und Misserfolge. Doch was Überflieger auszeichnet, ist ihr starkes Verlangen, ihre Vision zu verwirklichen und ihre Großartigkeit immer mehr zu leben. Überflieger haben hohe Standards und Erwartungen an sich und andere und sie geben nicht auf, weil es beim ersten Mal nicht funktioniert hat. Ihre Ausdauer ist bemerkenswert.

Doch Ausdauer alleine macht niemanden zum Überflieger. Ohne Klarheit, ohne immense Energie und eine große Portion Mut, bleiben wir in den Startlöchern stecken. Einmal im Rennen spielen die Produktivität, Effektivität und der Einfluss eine ebenso wichtige Rolle wie das Vertrauen in sich und das Leben. Die Wahrheit ist, in uns allen steckt ein Überflieger und wir können ihn immer mehr zum Ausdruck bringen, wenn wir beginnen, richtig zu denken, zu fühlen und zu handeln. Wahrscheinlich spürst du die Begeisterung, denn was Überflieger können, kann jeder Mensch lernen und was für sie gilt, gilt für uns alle. Du wirst die Schritte entdecken, wenn du den Inhalt aufmerksam studierst und ihn in dein Leben integrierst.

Wenn Überflieger in eine Schieflage geraten

Wie kann es sein, dass sich jemand trotz äußerem Reichtum und Erfolg innerlich immer ausgetrockneter und zunehmend frustriert und unerfüllt fühlt? Sind Überflieger in einer solchen Situation schlicht undankbar? Stellen sie sich dumm an oder beschweren sie sich auf hohem Niveau? Oder gibt es andere Gründe?

Diese Fragen werden wir jetzt beantworten, denn sie liefern uns sehr wertvolle Hinweise, wie wir unsere Großartigkeit entfalten, in unsere Lebensaufgabe hineinwachsen und gleichzeitig tiefe Erfüllung erleben können.

Wenn es dir wie vielen Überfliegern geht, dann bist du fleißig, hast viel erreicht und doch strebst du nach mehr, weil irgendetwas in deinem Leben fehlt. Wahrscheinlich spürst du, dass du endlich deinem Herz folgen möchtest. In dir brennt ein Verlangen. Ein ganz besonderer Wunsch. Deine Vision. Deine Vorstellung, wie dein Leben sein könnte. Du spürst, da sollte noch etwas sein. Du weißt, dass du ein anderes Leben verdienst. Deine Sehnsucht ist groß, doch etwas hält dich zurück. Du bewegst dich in einem Hamsterrad. Du möchtest ausbrechen, doch du fühlst diese Zweifel. Du hast Angst, nicht gut genug zu sein. Du befürchtest, dass du es nicht schaffst. Du möchtest niemanden verletzen. Und doch, du wirst den Gedanken nicht los, endlich dein Leben zu leben. Hier ist die Wahrheit: Auch Überflieger kämpfen mit Selbstzweifeln und erleben Herausforderungen in ihrem Leben.

Äußerlich betrachtet gibt es jedoch kaum sichtbare Spuren, die darauf hindeuten würden. Sie brechen weder zusammen noch geben sie auf. Viel mehr schreiten sie zielstrebig – und oft verbissen – weiter voran, weil sie Angst haben, plötzliche Veränderungen vorzunehmen. Denn die Dinge sind in der Tat gut und all das hinter sich zu lassen, wofür sie so hart gearbeitet haben, kommt für sie nicht in Frage. Sie wollen weder zurückgehen noch ihren Fortschritt einbüßen und von anderen überholt werden. Die Hektik und Unruhe ihres Verhaltens bleibt geschulten Augen nicht verborgen. Das fehlende Gefühl von Kontrolle, das sich dahinter verbirgt, äußert sich oft in Kontrollsucht, die die Form häufiger Kritik, Beschuldigungen, Ausreden und Rechthaberei annimmt.

Interessanterweise wird diese Flut von Negativität gleichzeitig von einem völlig konträren Gefühl durchströmt: Einem inneren Wissen, dass es eine nächste Ebene für sie gibt; die nächste Dimension, die sie mit einer anderen Art von Lebensqualität und Erfüllung erwartet. Aber gleichzeitig fühlen sie eine tiefe Unsicherheit und wagen es nicht, Dinge zu verändern, die bereits funktionieren. Eine schlechte Sache zu verbessern, fällt dem Überflieger leicht. Aber sich einer guten Sache zu stellen, ist furchterregend. Und so bleiben sie lieber dran, auch wenn sie erahnen oder wissen, dass die Dinge bald außer Kontrolle geraten werden. Sie werden vom Druck des eigenen Lebens in die Zange genommen. Sie sind frustriert oder oft einfach nur innerlich unruhig, obwohl ihr Leben gut ist. Wenn Überflieger in eine Schieflage geraten, kann ihnen die Auseinandersetzung mit drei Bereichen einen entscheidenden Neustart bringen. Und natürlich gilt das für alle Menschen.

Eine klare Vorstellung der persönlichen Richtung

Im Trudeln vergessen Überflieger aufgrund ihrer Verpflichtungen und nicht zuletzt wegen ihres Erfolgs, dass eine stetige Ausrichtung auch – oder gerade – an der

Schwelle zur nächsten Ebene von Erfolg, Fortschritt und Erfüllung unerlässlich ist. Diese Klarheit bezieht sich sowohl auf die Ebene des Menschseins, den Umgang mit unseren Mitmenschen als auch die täglichen Aufgaben und Handlungsschritte. Das Gefühl des gestauten Fortschritts ist oft in der fehlenden Klarheit und Weiterentwicklung der genannten Bereiche verwurzelt. An diesem Punkt angelangt, werden Überflieger gerne zu Maschinen, die ihre Arbeiten automatisch erledigen. Sie funktionieren ohne voll im Hier und Jetzt zu sein. Die Qualität muss dabei objektiv betrachtet nicht zwingend leiden. Es äußert sich viel häufiger als ein *Mangel an persönlicher Erfüllung*, die Überfliegern zunehmend an die Substanz geht. Um dieser schwindelerregenden Negativspirale zu entrinnen, bedarf es in erster Linie einer *bewussten Neuausrichtung*.

Momente der Reflexion, die in der Hektik der Erfolgsjagd untergingen, werden nun zu entscheidenden Rettungsinseln. Denn gerade weil sie so gut sind, beschäftigen sich angeschlagene Überflieger kaum mit dem Gedanken, wie sie wirklich sein möchten und wie sie sich als Mensch entwickeln wollen. Sie stecken zu sehr in ihren Mustern, die sie aus Angst, etwas verlieren zu können, ununterbrochen und beinahe fremdgesteuert durchlaufen. Dabei ist es gerade dieser Grad an Klarheit, der eng mit dem Gefühl von Lebendigkeit, Fortschritt und Lebensfreude verbunden ist. Wenn sich ein Überflieger nicht ebenso häufig mit der Frage, wer er sein möchte, auseinandersetzt, läuft er Gefahr, dass sich sein Leben trotz äußerer Fülle innerlich leer anfühlt.

»Die Blindheit, die für viele mit dem wachsenden Erfolg kommt, nimmt gefährliche Ausmaße an, wenn sie unsere Großartigkeit unterbindet.«

Fehlende Klarheit in Bezug auf das Menschsein, den Umgang mit seinen Mitmenschen sowie den persönlichen Beitrag an die Welt lockt den Überflieger in eine weitere Falle: Anstatt ein selbstbestimmtes Leben zu führen, handelt er zunehmend *reaktiv*. Er tanzt auf zu vielen Hochzeiten und fühlt sich verantwortlich für die Baustellen anderer Menschen. Wenn ein Überflieger metaphorisch gesprochen in die Rolle des Feuerwehrmanns schlüpft und sich um die Notfälle seiner Mitmenschen kümmert, untergräbt er nicht nur das Potenzial seines Umfeldes, sondern er lässt gleichzeitig seine schöpferische Kraft schleichend verkümmern. Womöglich erlauben ihm seine Überflieger-Qualitäten, Brandherde besser zu löschen als andere, doch wenn er sich nicht von Herzen für den Beruf des Feuerwehrmannes entscheidet, spielt er nur in der zweiten Liga seines Lebens. Die Zurufe von der Tribüne sind wenig aufbauend, denn ihnen fehlt die Würze der Erfüllung.

Lass uns in uns gehen und klären: Welche Eigenschaften und Fähigkeiten müssen wir als Mensch verkörpern, um auf der nächsten Ebene mitzumischen? Wie würden wir den Umgang mit unseren Mitmenschen von nun an am allerbesten gestalten? Mit welcher Absicht könnten wir unsere täglichen Aufgaben ab jetzt noch effektiver und erfüllender erledigen?

Bewusste Optimierung der persönlichen Energie

Es ist verblüffend, wie viele Menschen ihre Energie nicht ernst nehmen. Begonnen mit der Ernährung bis hin zu destruktiven Denkweisen bewirken selbst genügend Überflieger nicht nur einen chronischen Energiemangel, sondern buchstäblich die Vergiftung des Körpers. Überflieger besitzen in der Regel zwar weitaus mehr Energie als Menschen, die ihr Potenzial nicht ausschöpfen, doch bedeutet dies längst nicht, dass sie in gewissen Bereichen nicht auch an ihren Reserven zehren. Daher zählt die Energie in jedem Fall zur obersten Priorität, denn sie ist für das Erreichen und Aufrechterhalten der nächsten Ebene im Beruf, der Beziehung und Gesundheit keine Option, sondern *der* Weg.

Das geht gerne unter und selbst Überflieger, die sich um ihre Energie kümmern, geraten nicht selten in die Falle, diesen Bereich nicht länger bewusst weiterzuentwickeln. Energie bedeutet dabei weitaus mehr als eine hohe körperliche Fitness oder genug Energie für das tägliche Leben. Energie besteht aus vier Facetten: namentlich der körperlichen, emotionalen, mentalen und spirituellen. Ein Energiemangel kann sich demnach in einer Vielzahl von Umständen äußern.

Die Zeichen einer energetischen Schieflage bis hin zum Burnout können in der Regel früh wahrgenommen werden, was jedoch nicht automatisch bedeutet, dass etwas dagegen unternommen wird. Der von mir entwickelte „Wo es dir an Energie mangelt"-Test auf https://lukastobler.com/e37-test ermöglicht uns, uns in

37 Punkten zu beurteilen. Bei einer hohen Punktzahl korrelieren allesamt mit einem Energiemangel. Viele davon bringen die meisten Menschen nicht in Verbindung mit ihrer Energie. Darum dürfen wir uns immer wieder Klarheit verschaffen, welche Facetten unserer Energie in den letzten drei Monaten womöglich aus der Balance geraten sind. Machen wir uns Gedanken, wie wir sie über kurz und lang wieder in den grünen Bereich bringen können. Mit welchen neuen Gewohnheiten müssen wir ab sofort beginnen? Und welche schädlichen aufgeben?

Steigerung der Produktivität

Wir werden uns noch ausführlicher mit der Produktivität beschäftigen, denn was dem Überflieger selten fehlt, sind Aufgaben, die erledigt werden müssen. Seine Agenda ist überfüllt mit Meetings, To-do's und Verpflichtungen. Doch ein hoher Beschäftigungsgrad bringt nicht automatisch einen langanhaltenden Erfolg und ist ebenso wenig ein Garant für tiefe Erfüllung. Effektive Produktivität ist eines der Geheimnisse der erfolgreichsten Menschen und darum sollten wir auch diesen Bereich unter die Lupe nehmen. Insbesondere wenn ein Überflieger stagniert, kann eine Optimierung seiner täglichen Planung entscheidende Vorteile mit sich bringen.

> »Die Produktivität beinhaltet weitaus mehr als die Effektivität unserer Arbeitsweise.«

In der Tat umfasst sie die bewusste Lebensgestaltung, die sowohl produktive wie auch bedeutsame Aufgaben und Inhalte beinhaltet. Wenn ein Überflieger die Kontrolle über seine Agenda verliert, scheint es offensichtlich, dass aufgrund seiner zahlreichen Verpflichtungen Abstriche gemacht werden müssen. In erster Linie spüren das die Familie und die Gesundheit.

Was gerne übersehen wird, die Ursache liegt woanders: Selbst die erfolgreichsten Überflieger vergeuden einen Haufen Zeit mit unwichtigen Dingen, die aus verschiedenen Gründen ihre Prioritätenliste anführen. Allen voran sind es die unbedachte Arbeitsweise und unzähligen Ablenkungen, die jeden Tag ein großes Stück Zeit rauben. Kleine Anpassungen wie eine bewusste Pausengestaltung, regelmäßige Momente der Zentrierung und Klarstellung der tatsächlichen Prioritäten können tiefgreifende Veränderungen bewirken. Gekrönt mit mehr Disziplin in den entscheidenen Lebensbereichen durch beflügelnde Motive beginnt die Produktivität und letztlich die Erfüllung neue Züge anzunehmen.

Emotionale Flachlinie

Nicht zuletzt verliert ein in Schieflage geratener Überflieger gerne die emotionale Bindung zu seinen täglichen Aufgaben und Verpflichtungen. Anstatt Freude verspürt er trotz äußerem Reichtum eine innere Unruhe, Leere und Unzufriedenheit. Er erlebt wie der durchschnittliche Mensch die emotionale Flachlinie, die seine positiven Emotionen deckelt. An dieser Stelle angelangt darf er sich fragen, wie er einer Sache wieder mehr oder eine gänzlich neue Bedeutung geben kann. Die Kraft der Bedeutung, wie wir noch sehen werden, ist äußerst faszinierend. Vorerst sollten wir uns fragen, wie es uns gelingen könnte, unseren täglichen Aufgaben mit noch mehr positiven Emotionen, wie Freude und Dankbarkeit, nachzugehen.

Zufriedenheit schließt den Fortschritt nie aus

Unzufriedenheit, wie sich herausstellte, ist nicht nur ein schleichender Garant für die Zerstörung unseres eigenen Fortschrittes, sondern der beste Weg in die depressive Verstimmung. Aber was ist mit der weit verbreiteten Meinung, dass Unzufriedenheit ein guter Startpunkt für bessere Leistungen und entscheidende Veränderungen im Leben ist? Schließlich kennen wir all die unzähligen Geschichten, in denen sich Menschen aus einem schwierigen Tief in neue Höhen geschraubt haben.

Wenn wir uns umschauen, scheint es beinahe natürlich, dass der Mensch zuerst ein Problem haben muss, bevor er sich bewegt und eine neue Richtung einschlägt. Oder kann es sein, dass wir den Inhalt dieser Geschichte allesamt falsch interpretieren und immer wieder auf dieselbe Weise erzählen und an unsere Nachfahren weitergeben? Natürlich formen uns Probleme als Mensch und sie können ein Katalysator für Veränderung und Wachstum sein, wenn wir uns richtig verhalten. Doch es bleibt die Frage, ob wir nicht auch *zufrieden* wachsen können.

„Unzufrieden" hat sich wie ein Unkraut flächendeckend im Bewusstsein der Menschheit verbreitet: Unzufriedenheit mit dem Körpergewicht, seinem Umfeld, dem

Einkommen, der Arbeitsstelle, dem Wohnort, den noch nicht erreichten Zielen, der verfügbaren Zeit, der Gesundheit, den Mitarbeitern, der Regierung, dem Wetter. Eine endlose Liste.

Viele Menschen – sehr erfolgreiche mit einbezogen – sind mit ihrer momentanen Situation äußerst unzufrieden. Die meisten von ihnen machen ihre Unzufriedenheit zum Epizentrum ihres Daseins und hoffen auf eine Veränderung ihrer Umstände, ohne ins Handeln zu wechseln. Einige wenige jedoch gewinnen aus der fehlenden Befriedigung die Motivation, um sich gezielt zu verändern und sinnvolle Risiken einzugehen. Ist Unzufriedenheit also doch ein Katalysator für den Erfolg?

Natürlich verschließt Unzufriedenheit das Tor zum Erfolg nicht ganz, denn zu Beginn kann sie uns bewegen, eine neue Richtung im Leben einzuschlagen. Nicht nur das, unbefriedigt mit der soeben erreichten, neuen Ebene von Erfolg, Einkommen und Anerkennung verursacht Unzufriedenheit gerne einen fortwährenden Drang, noch höher hinauszugehen. Die Unzufriedenheit ist eng verknüpft mit der Hoffnung, eines Tages erfüllt zu sein. Doch wenn dieser Tag trotz äußerer Fülle nicht kommt, werden wir von einer immer größeren, inneren Leere angetrieben. Wahrscheinlich bist du neugierig, wann diese Reise aufhört.

Gemäß Umfragen reichen weder Millionen noch Milliarden aus, um im Frieden zu leben. Motiviert von der inneren Unzufriedenheit, äußern auch Superreiche

Ängste und das Gefühl nicht genug zu haben. Der stetige Ruf nach *mehr* zieht sich also wie ein roter Faden durch alle Einkommens- und Kulturkreise.

Der Ursprung der Unzufriedenheit

Im Nebel des Mangels verlieren selbst die positiven Aspekte ihren Schein. Überall zeigen sich Dinge, die fehlen, unerwünscht oder schlecht sind. Das Leben wird zu einem Wettlauf. Der zu erwartende Preis ist *Erfüllung*, die uns *nach* Überqueren der Ziellinie erwarten soll. Werden wir sie tatsächlich empfangen oder laufen wir eifrig einer vor unsere Nase gehaltenen Karotte hinterher? Wir können es mit einem Marathon vergleichen. Die anfängliche Motivation ist hoch, doch die Strecke zieht sich nach einigen Kilometern in die Länge. Wenn wir auf Erfüllung als großen Preis nach der Ziellinie hoffen, werden wir mit Ernüchterung feststellen, dass die Ziellinie nicht näher, sondern immer mehr in die Ferne rückt. Der Marathon wird zum endlosen *Hamsterradlauf*, der uns lediglich mit der Aussicht auf eine entfernte Erfüllung beglückt. Und so können wir festhalten:

> „Auf Dauer ist Unzufriedenheit mit dem jetzigen Leben kein Rezept, um Erfüllung zu erfahren. Sie ist viel mehr ein Hindernis, das die nächste Ebene von Fortschritt und Zufriedenheit verhindert."

Menschen, die es trotz ihrer Unzufriedenheit weit gebracht haben und weiterhin unzufrieden sind, wachsen in Wirklichkeit nicht mehr über sich hinaus und fallen stetig zurück. Höher hinauszugehen bedeutet nämlich nicht nur das Anhäufen von mehr materiellen Dingen, Ansehen oder Auszeichnungen, sondern ein Gefühl tiefer Erfüllung. Äußerlich betrachtet gibt es bei solchen Menschen oft keine Anzeichen, doch sie spüren ihren Rückschritt durch den eisernen Griff ihrer inneren Leere. Der Ursprung ihrer Unzufriedenheit ist die Ausrichtung auf das, was angeblich fehlt oder nicht (mehr) gut genug ist. Um dieses Gefühl auszugleichen, streben sie unbewusst nach immer mehr belanglosen Dingen, durch die sie sich mehr Erfüllung erhoffen, aber mit der Ernüchterung auf der Strecke bleiben.

Die Zufriedenheit geht voraus

Wahrscheinlich fragst du dich, wie es Menschen ergeht, die tiefe Zufriedenheit in allen Lebensbereichen erlangt haben. Haben sie die Ziellinie des Lebens erfolgreich überquert? Die Antwort lautet „Ja“, sofern sie sich im Klaren sind, dass Zufriedenheit die persönliche Weiterentwicklung nicht beendet, sondern sie umso kraftvoller und vor allem genussvoller macht. In diesem Wissen suchen sie ein Leben lang nach positiven Herausforderungen und Wachstum, denn sie wissen, dass es in ihrem Leben immer eine nächste Ebene für sie gibt. Und so haben sie Zufriedenheit längst vor dem Überqueren der Ziellinie erlangt und sie als Antrieb für ihre großartigen Leistungen genutzt. Sie wissen, die Zufriedenheit geht immer dem Erfolg voraus.

Lass das einen Augenblick auf dich wirken, indem du einen tiefen Atemzug nimmst. Sicherlich hast du die Aussage, „Ich weiß, man kann immer besser und mehr

[sein], aber mir reicht es so“, auch schon einmal gehört. Du spürst, diese Art von Zufriedenheit ist vorgegaukelt und nicht im Einklang mit den Gesetzen des Lebens. Denn das Leben strebt nach mehr Ausdruck und wir sind das Leben. In Wirklichkeit befürchten solche Menschen, dass vollkommene Zufriedenheit einen Stillstand zur Folge hat. Und so sorgen sie unbewusst für Unzufriedenheit, die sie mit Zufriedenheit verwechseln, weil sie glauben, dass sie nur so Wachstum erfahren können. Es ist beinahe so, als würden sie sich kurz vor Erreichen des Ziels ausbremsen und die Ziellinie nicht überqueren, um niemals Gefahr zu laufen, dass sie an keinem weiteren Marathon mehr teilnehmen können. Sie glauben weder an Wachstum noch an ihr Potenzial und bevorzugen es, den Schein von Fortschritt in einem für sie kontrollierbaren Rahmen zu erleben. Wir werden später aufdecken, wie wir die Angst vor dem Stillstand überwinden können.

Das Geheimnis des zufriedenen Überfliegers

Wir sind ein integraler Teil der Evolution und streben alle nach mehr Erfüllung. Selbst Menschen, die sich unbewusst durch Unzufriedenheit ausbremsen, wollen sich in Wirklichkeit weiterentwickeln und wachsen, doch sie unterdrücken ihre Herzenswünsche durch ihr eigenes Verhalten, weil sie Angst davor haben. Lieber klammern sie sich an ihre Vorliebe fürs Drama, denn dadurch erwecken sie den Schein von Fortschritt, ohne sich tatsächlich verändern zu müssen. In Wirklichkeit soll ein innerer Beweggrund, der größer als wir selbst ist, nicht aus Unzufriedenheit, sondern aus Zufriedenheit heraus entspringen. Die Wahrheit ist, dass das persönliche Streben und Wachstum erst durch Zufriedenheit befriedigend wird. Das Geheimnis des zufriedenen Überfliegers ist demnach die tiefe Wertschätzung und Dankbarkeit für die gut funktionierenden Dinge im Leben in Verbindung mit der bewussten Entscheidung täglich zu wachsen.

Zwei unterschiedliche Philosophien

Unzufriedenheit wird uns auf Dauer kein langanhaltendes Gefühl von Lebendigkeit, Sinn und Erfüllung bringen. Zufriedenheit jedoch wird nur dann zum Hindernis, wenn wir sie als Ausrede benutzen, um uns nicht fortwährend und gezielt persönlich weiterzuentwickeln. „Ich bin zufrieden und mir reicht es so“ und „Ich bin zufrieden und strebe höher hinaus“ widerspiegeln zwei völlig unterschiedliche Lebensphilosophien. Erstere entspricht der Denkweise des durchschnittlichen Menschen und überdeckt oft eine unterdrückte Form von Resignation und Angst, für die die *angebliche* Zufriedenheit herhalten muss. Letztere ist die innere Haltung des Überfliegers. Für ihn ist Zufriedenheit ebenso wenig ein Grund, um sein Streben nach mehr Wachstum aufzugeben, wie Unzufriedenheit eine Voraussetzung, um sich zu verändern. Er sieht in der Erfüllung nämlich keine Destination, sondern den Weg, um seine Großartigkeit immer mehr zum Ausdruck zu bringen. Diese Großartigkeit steckt in allen von uns. Sie ist grenzenlos und bereit, sich jetzt zu zeigen.

Lass uns hinschauen und uns fragen: „In welchen Bereichen unseres Lebens halten wir uns durch Unzufriedenheit davon ab, einen Durchbruch zu erleben?“ Ist uns bewusst, wo wir Zufriedenheit als Ausrede – eine Überdeckung unserer Unzufriedenheit – benutzen, um die nächste Ebene nicht zu erreichen? Und was wäre für uns möglich, wenn wir von jetzt an beginnen, zufrieden gezielt zu wachsen?

Kapitel 2

Befreie dich von schädlichen Mustern

„VERHALTENSMUSTER gleichen Zyklen der Natur, indem sie sich wiederholen. Im Gegensatz zu natürlichen Zyklen können wir Verhaltensmuster jedoch durchbrechen."

Die Kraft der Zyklen

Unzufriedenheit ist nicht das einzige, was die Tür zur nächsten Ebene von Erfolg und Erfüllung im Leben versperrt. Wie du sicherlich weißt, ist das Leben geordneter als die meisten Menschen denken und läuft in bestimmbaren Zyklen ab. Einige dieser Zyklen kennen wir: Der Tag-Nacht-Zyklus, der saisonale Jahreszyklus, Ebbe und Flut. Und dann gibt es unseren Biorhythmus.

Der Chronobiologe Till Roenneberg erklärt: „Wir müssen uns darüber bewusst sein, dass unser Körper ein rhythmisches System ist – nicht nur unser Schlaf-wach-Rhythmus, auch der Blutdruck, die Herzfrequenz, die Körpertemperatur und der Hormonlevel schwanken. So vertragen die meisten Menschen Alkohol am Abend recht gut, während sie mittags schon nach einem kleinen Schluck beschwipst sind. Andere Beispiele sind die Konzentrationsfähigkeit, die Muskelkraft oder die Sehschärfe. Diese Schwankungen gehen auf Botenstoffe und Enzyme zurück, die zu jeweils unterschiedlichen Tageszeiten besonders aktiv sind."[1] Und jetzt wird es sehr interessant.

Natürliche Zyklen sind nicht die einzigen wiederkehrenden Muster, die unser Leben prägen. Auch *Verhaltensmuster* laufen ohne bewusste Veränderung zyklisch ab. Wir sollten uns daher fragen, in welchen Lebenssituationen es uns schwerfällt, aus der stetigen Wiederholung auszubrechen. Womöglich sind es Erfahrungen, die wir immer wieder machen, obwohl wir sie satt haben oder Situationen, in denen wir uns immer wieder auf dieselbe, unerwünschte Weise verhalten und im Anschluss wütend, enttäuscht oder frustriert sind. Auch das sind wiederkehrende Zyklen.

»Verhaltensmuster gleichen Zyklen der Natur, indem sie sich wiederholen. Im Gegensatz zu natürlichen Zyklen können wir Verhaltensmuster jedoch durchbrechen.«

Du spürst, das ist zugleich befreiend und inspirierend. In der Tat gibt es eine Vielzahl von Verhaltensmustern, die uns gefangen halten können. Vier davon schauen wir uns nun an, weil sie so häufig vorkommen und kaum erkannt werden.

Selbstsabotage

Niemand gibt gerne zu, dass er sich selber Steine in den Weg legt. Lieber werden das Umfeld oder situative Umstände verantwortlich gemacht. Der griechische Philosoph Epiktet sagte einmal: „Anderen an seinem Unglück die Schuld geben, ist ein Zeichen von Dummheit, sich selbst die Schuld geben, ist der erste Schritt zur Einsicht; weder anderen noch sich selbst die Schuld geben, ist ein Zeichen von Weisheit.“ In der Tat ist die Selbstsabotage ein häufiges, *unerkanntes Muster*, das viele Menschen auf der Strecke hält. Unter Selbstsabotage fallen alle Dinge, die wir unbewusst bewirken und die uns ausbremsen, nachdem wir den Entschluss gefasst haben, etwas in unserem Leben zu verändern. Hier einige Beispiele: Wir geben beruflich Vollgas, sind fokussiert und produktiv, aber im entscheidenden Augenblick lassen wir uns ablenken, werden krank oder machen einen grob fahrlässigen Fehler, der uns als erfahrenen Profi nicht passieren dürfte – und sonst auch nie passiert. Wir beginnen ein neues Fitnessprogramm und sind äußerst diszipliniert und motiviert. Der Erfolg steht vor der Tür, doch dann verletzen wir uns, fallen zurück in alte Essgewohnheiten und geben unser Ziel entmutigt auf; Wir haben unserer Frau versprochen, einen schönen Abend mit ihr zu verbringen und verschieben alle Termine auf andere Tage. Es kommt etwas dazwischen und ein Termin fällt aus. In der Hektik vergessen wir die gemeinsamen Pläne und verschieben den Termin absichtslos ausgerechnet auf jenen Abend, der für unsere Beziehung bestimmt war. Unsere Frau erinnert uns unsanft an das Versehen, indem sie uns die Hölle heiß macht. Sicherlich erkennst du immer klarer Beispiele aus deinem Leben.

Selbstsabotage bedeutet nichts anderes, als unseren eigenen Erfolg zu verhindern, indem wir uns in entscheidenden Momenten unbewusst von Zyklen leiten lassen. Wenn wir uns beim nächsten Mal dabei ertappen, unseren eigenen Fortschritt zu verhindern, dann lass uns Folgendes tun:

- Nicht anderen Menschen oder Situationen die Schuld geben
- Uns eingestehen, dass wir uns soeben selbst sabotiert haben
- Die volle Verantwortung für die Geschehnisse übernehmen, wodurch Selbstsabotage endet

Vernon Howard untermauert diesen wichtigen Schritt mit diesen Worten: „Die innere Negativität aufzudecken ist keine negative Sache, sondern ein mutiger, positiver Schritt, der uns zu einer neuen Person macht.“ Die erfolgreichsten und erfülltesten Überflieger wissen das und üben sich täglich darin. Wir können ihnen nacheifern.

Die neue 5

Eine ganz besondere Form von Selbstsabotage ist *Perfektionismus*. Dieser irrsinnige Anspruch steckt in vielen Köpfen und treibt meist unerkannt sein Unheil. Wie du bereits gehört hast, gibt es für alle Bereiche des Lebens eine nächste Ebene. So auch die nächste Dimension von Klarheit, Energie, Mut, Produktivität, Einfluss, Zufriedenheit, Gewahrsein und Bestimmung.

Wenn es dir wie den Überfliegern geht, möchtest du Rückschritte unbedingt vermeiden, denn ständiges Wachstum in jeder Hinsicht zählt zu deiner Lebensphilosophie. Unbewusst verhindern Überflieger durch ihre sehr hohen Erwartungen an sich selbst und die daraus hervorgehende Selbstkritik, dass sie ihrer Meinung nach jemals das Optimum erreichen. Es kann durchaus sein, dass sie hinsichtlich ihrer Gesundheit 10 von maximal 10 Punkten erreichen, sich selbst aber nur 9 oder 9,5 geben. Die Begründung ist erstaunlich. Was würde passieren, wenn sie sich tatsächlich 10 Punkte geben würden? Die Antwort lautet, dass sie sich dann eingestehen würden, das Optimum erreicht zu haben, was die Angst vor dem Rückschritt auslöst. Überflieger erkennen nämlich zu Recht, dass sich viele Menschen auf ihrem Erfolg ausruhen. Einmal auf der Bergspitze angekommen, schlagen sie ihre Zelte auf und vergessen, dass sie längst nicht am Ziel angekommen sind. Das wollen Überflieger vermeiden, indem sie sich kleiner machen bzw. ihre Leistung geringer bewerten als sie tatsächlich ist. Diese Form von Selbstsabotage ist nicht minder schwerwiegend, denn sie verhindert (unbewusst), dass wir unser tatsächliches Potenzial abrufen. Der Denkfehler ist offensichtlich: Solange wir davon ausgehen, dass das Erreichen des Optimums unser Wachstum deckelt, werden wir als wachstumsorientierte Menschen (unbewusst) unter unserer Bestleistung bleiben – auch wenn wir so weit gehen müssen, dass wir unsere tatsächliche Leistung durch eine verfälschte Selbstbeurteilung schmälern oder uns selbst Steine in den Weg legen.

Vor vielen Jahren hat mir ein Mentor einen sehr faszinierenden Ratschlag mit auf den Weg gegeben: *Das Erreichen von 10 Punkten bedeutet die neue 5*. Mit anderen Worten hat unsere Entwicklung in *keinem* Bereich einen Deckel. Wir deckeln unser Wachstum durch das Streben nach Perfektion – die fehlende Zufriedenheit und falsche Beurteilung unseres Fortschrittes. Genau wie durch Überheblichkeit greifen viele Menschen unbewusst auch durch Schmälerung ihrer Erfolge zu einem Mittel, das die Angst vor dem Rückschritt auflösen soll. Sicherlich erkennst du, dass Selbstverherrlichung und Selbstherabwürdigung in der Tat Rückschritte begünstigen.

Wenn wir *Exzellenz* statt Perfektion anstreben, ermöglichen wir uns, das Optimum zu erreichen, uns dafür anzuerkennen und zu feiern, während wir gleichzeitig fortlaufend gezielt wachsen. *Zufrieden höher hinaus*: Das ist die Verkörperung von Evolution.

Selbstmitleid

Sich selbst zu bemitleiden muss nicht dem klassischen Bild eines depressiven Menschen entsprechen, der über sein eigenes Elend weint. Selbstmitleid kann äußerst subtil sein und widerspiegelt das *Dramatisieren* des eigenen Lebens. Dieses Muster steckt in unglaublich vielen Menschen – Erfolgreiche sind davon offensichtlich nicht ausgenommen. Unbewusst erachten viele Menschen Selbstmitleid als einen wohlverdienten Preis, der ihnen nach der Selbstsabotage überreicht wird. Es sind Menschen, die ständig mit irgendwelchen Dramen zu kämpfen haben und nicht zwingendermaßen darunter leiden. Im Gegenteil, meistens würden diese Menschen niemals von sich behaupten, dass sie sich selbst leidtun. Doch so einfach ist das Selbstmitleid nicht aufgelöst. Darum sollten wir uns fragen:

> »Zählen große Herausforderungen, Dramen oder ständige Rückschläge zu unserer Tagesordnung? Dann sollten wir schauen, inwieweit Selbstmitleid dafür verantwortlich ist.«

Es ist kein Geheimnis, dass auch Menschen, die kein Selbstmitleid empfinden, Rückschläge erleben und sich unvorhersehbaren Ereignissen stellen müssen. Aber es gibt einen großen Unterschied, denn sie sehen sich nicht als Opfer. Diese Sichtweise würden auch viele teilen, die durchaus unterschiedliche Grade an Selbstmitleid empfinden. Wie also können wir herausfinden, ob Selbstmitleid eine Rolle spielt? Die folgenden Fragen sorgen für Klarheit: Wenn Selbstmitleid ein wiederkehrendes Muster in unserem Leben ist, in welchen Bereichen könnte es sich abspielen? Wo, wenn wir ganz ehrlich mit uns selbst sind, tun wir uns manchmal schon ein bisschen leid? Welche Dramen tolerieren wir in unserem Leben, weil wir dadurch die Aufmerksamkeit unserer Mitmenschen gewinnen? Welche Herausforderungen dienen uns als Bestätigung gegenüber anderen Menschen oder uns selbst, dass wir unglaublich viel aushalten können?

Angst vor Ablehnung

Das Bedürfnis nach Akzeptanz gehört zu einer Grundmotivation des Menschen, denn akzeptiert zu werden fühlt sich gut an. Ablehnung auf der anderen Seite löst konträre Gefühle aus, die wir mit bewussten und unbewussten Mitteln zu verhindern versuchen. Die Angst vor Zurückweisung ist ein kraftvolles Muster, das viele Menschen davon abhält, das zu tun und zu sein, was sie wirklich spüren. Sie leben auf dünnem Eis. Mit jedem Schritt laufen sie Gefahr einzubrechen. Daher bleiben sie lieber an Ort und Stelle stehen und ertragen die unangenehmen Konsequenzen. Dabei übersehen sie, dass es keine Stagnation, sondern nur Fortschritt und Rückschritt im Leben gibt.

„Egal was wir tun, es wird immer Menschen geben, die uns gut finden und solche, die uns nicht mögen. Daher lass uns unserer Wahrheit folgen.“

Selbstverwirklichung bedeutet, dass wir die Gefahr in Kauf nehmen müssen, bestimmten Menschen zu missfallen. Was ist die Alternative? Rückschritte erleben! Das Streben nach Akzeptanz kann unterschiedlich stark ausgeprägt sein. Möglicherweise tun wir bereits viele Dinge, weil sie sich für uns richtig anfühlen oder Teil unserer Vision sind. In anderen Lebensbereichen aber passen wir uns zu sehr an, untergraben unsere Bedürfnisse oder handeln aus der Angst heraus. Was wäre möglich, wenn wir auch hier unserem Herz folgen würden?

Ich kann deinen Geist beinahe denken hören: „Ja, aber meine Situation ist anders. Wenn ich für meine Bedürfnisse und Interessen einstehe, gibt es ständig Stress und das will ich verhindern!“ Es geht den meisten Menschen so, denn diese Erfahrung machen wir alle. Ich kann mich gut erinnern, als ich nach einem sportärmeren Jahr als üblich das regelmäßige Training wieder aufnahm. Am Anfang hat sich mein Umfeld vehement dagegen gesträubt, wobei ich rückblickend gestehen muss, dass dies in Wirklichkeit natürlich mein eigener, innerer Widerstand war. Mein innerer Kritiker ermahnte mich: „Wie kannst du dir in der jetzigen Situation Zeit für regelmäßigen Sport nehmen?” Zum Glück habe ich auf mein Herz gehört und mein neues Programm trotz Gegenwind durchgezogen. Seither steht es nicht nur in meinem Terminkalender als Fixtermin, sondern auch mein Umfeld akzeptiert es als solchen. Hätte ich aus Angst vor Ablehnung meinen Sport an den Nagel gehängt, wäre ich heute mit Sicherheit frustriert, weil ich meinem Bedürfnis nach regelmäßiger Bewegung nicht nachgegangen wäre. Wenn wir merken, dass wir in einigen Lebenssituationen durch Angst vor Zurückweisung angetrieben werden, sollten wir die folgenden Worte verinnerlichen:

„Die Angst, abgelehnt zu werden, endet dort, wo wir beginnen, uns und unseren Weg vollumfänglich zu akzeptieren.“

Das muss ich alleine schaffen

Überflieger übernehmen die Selbstverantwortung und üben sich dadurch in einer der wichtigsten Gewohnheiten, um ihr Leben nach ihren Vorstellungen zu leben. Viele Menschen glauben, dass sie die Überzeugung „Das muss ich alleine schaffen“ veranlasst, die volle Selbstverantwortung zu übernehmen. Wir werden uns mit diesem Glaubensmuster noch ausführlicher beschäftigen und sehen, dass das so nicht stimmt. Doch fragen wir uns zuerst, ob wir uns schon einmal ertappt haben, als wir die Verantwortung auf jemand anderen geschoben haben. Oder womöglich haben wir eine Situation oder irgendwelche Umstände als Ursache für den unerwünschten Ausgang einer Sache genannt. Vorübergehend haben wir uns besser gefühlt. Aber wie haben wir uns dabei *wirklich* gefühlt? Selbstbewusst?

Sicher? In der Kontrolle? Wir erkennen immer klarer, dass wir das Gefühl von Kontrolle verlieren, sobald wir die Verantwortung abschieben. Und wie wir wissen, ist dieser Kontrollverlust spürbar. Auf einmal befinden wir uns nämlich in der Rolle des Verteidigers. Die Rolle des Verteidigers geht Hand in Hand mit der Opferrolle. Es versteht sich, dass diese Verteidigerrolle nicht mit dem Verteidigen vor Gericht verwechselt werden darf. Ein Verteidiger vor Gericht ist nicht automatisch das Opfer. Wenn wir uns hingegen in unserem Leben verteidigen, finden wir uns immer in der Opferrolle wieder. Wahrscheinlich bist du neugierig, wie wir selbstverantwortlich sein können.

»Wir dürfen aufhören, andere und uns selbst zu kritisieren, die Schuld weder anderen noch irgendwelchen Situationen zu geben und keine Ausreden mehr zu finden.«

Zurück zu „Das muss ich alleine schaffen." Widerspiegelt diese Überzeugung und das daraus resultierende Verhalten tatsächlich volle Selbstverantwortung? Auch diese Überzeugung hat eine Kehrseite, und zwar das Ablehnen von Unterstützung. Das ist eine gefährliche Haltung, denn wir erzeugen unsere Umstände durch das Bewusstsein, das wir sind. Neville Goddard erinnert uns: „Die Haupttäuschung des Menschen ist seine Überzeugung, dass es andere Ursachen als seinen eigenen Bewusstseinszustand gibt. Alles, was einem Menschen widerfährt – alles, was von ihm getan wird, alles, was von ihm kommt – geschieht aufgrund seines

Bewusstseinszustands. Es ist von entscheidender Bedeutung klar zu verstehen, was Bewusstsein ist. Das Bewusstsein eines Menschen ist alles, was er denkt und wünscht und liebt, alles, was er für wahr hält und zustimmt. Deshalb ist eine Bewusstseinsänderung notwendig, bevor du deine Außenwelt verändern kannst. Der Grund liegt in der Tatsache, dass Bewusstsein die einzige Realität ist, es ist die erste und einzige Ursache – Substanz der Phänomene des Lebens. Nichts existiert für den Menschen außer durch das Bewusstsein, das er davon hat." Es ist zu leicht zu vergessen, dass wer wir sind, bestimmt, was wir erleben.

Bewusstsein vereint unsere Absicht (Intention) und Aufmerksamkeit (Attention). Unter Intention können wir unsere bewussten Gedanken, Gefühle und Handlungen verstehen. Die Aufmerksamkeit ist Ausdruck unbewusster Gedanken, Überzeugungen und Gefühle und ist weitaus stärker. Es gibt viele Dinge im Leben, über die wir keine bewusste Kontrolle haben. Doch es liegt in unserer Macht, unsere Gedanken und Gefühle – und damit unsere Absicht und Aufmerksamkeit – zu kontrollieren. Denn es unterliegt unserer Entscheidungsfähigkeit, ob wir das Bewusstsein (die Energie) auf die kontrollierbaren oder unkontrollierbaren Aspekte des Lebens lenken möchten. William James, der als Vater der Psychologie gesehen wird, schrieb: „Meine Erfahrung entspricht dem, dem ich meine Aufmerksamkeit schenke." Unser Bewusstsein zu kontrollieren bedeutet die Qualität [Wahrnehmung] unserer Erfahrung zu kontrollieren.[2]

Neville Goddard schreibt dazu in „At Your Command“: „Die einzige Möglichkeit, deinen Lebensausdruck zu ändern, besteht darin, dein Bewusstsein zu ändern. Wenn dies wahr ist, warum sollten wir uns dann nicht bewusst machen, dass wir großartig sind? Gottliebend; reich; gesund; und alle Attribute, die du bewunderst? Es ist genauso leicht, das Bewusstsein für diese Eigenschaften zu besitzen wie das für ihre Gegensätze, denn du hast dein gegenwärtiges Bewusstsein nicht wegen deiner Welt. Im Gegenteil, deine Welt ist das, was sie aufgrund deines gegenwärtigen Bewusstseins ist. Einfach, nicht wahr? In der Tat zu einfach für die Weisheit des Menschen, der versucht alles kompliziert zu machen.“

Sich mit dem Unkontrollierbaren anlegen

Menschen, die keine Hilfe annehmen, weil sie glauben alles alleine schaffen zu müssen, konzentrieren sich auf das Unkontrollierbare, weil sie eine bestimmte Sache nur aus ihrem subjektiven Blickwinkel erkennen können. Sie haben es mit einem Blindpunkt zu tun, der aufgrund des mangelnden Bewusstseins für die Lösung entsteht. In Wirklichkeit können wir niemals alles alleine schaffen. Wir brauchen Coaches, um den eigenen Horizont zu erweitern und neue Erfolgsgewohnheiten umzusetzen. Die Wichtigkeit dieser Aussage wird durch eine Studie im Jahr 1993 an der Brigham Young University in Bezug auf das Erreichen von Zielen sehr eindrücklich untermauert. Die Studie ergab, dass die Wahrscheinlichkeit, ein bestimmtes Ziel zu erreichen, mit den Aussagen eines Menschen über sein Ziel zusammenhängt. Leute, die sagten, „Das ist eine gute

Idee“, hatten eine 10 %ige Chance. Diejenigen, die sagten, „Ich werde es tun“, hatten eine 25 %ige Chance, ihr Ziel zu erreichen. Diejenigen, die einen Termin festlegten, bis zu dem sie ihr Ziel erreichen wollten, hatten eine 40 %ige Chance, dies zu tun. Diejenigen, die einen spezifischen Plan zur Erreichung ihres Ziels entwickelten, hatten eine 50 %ige Chance, dorthin zu gelangen. Diejenigen, die sich jemand anderem verpflichtet hatten, ihr Ziel zu erreichen, hatten eine 60 %ige Chance, es zu erreichen. Aber diejenigen, die sich jemand anderem verpflichtet haben und sich auch dazu verpflichtet haben, ihre Fortschritte in regelmäßigen Abständen zu teilen, hatten eine 95 %ige Chance, ihr Ziel zu erreichen.[3] Faszinierend, nicht wahr?

Wenn wir dennoch alles alleine schaffen möchten, machen wir uns nicht nur etwas vor, sondern wir handeln ebenso wie derjenige, der kritisiert, beschuldigt oder Ausreden findet, nicht selbstverantwortlich. Das Ablehnen von Unterstützung zwingt uns nämlich in die Opferrolle, weil uns die verrückte Vorstellung, alles alleine schaffen zu müssen, automatisch aus der Kraft bringt. Und wie du erkennst, beginnt die Opferrolle da, wo wir nicht länger in unserer vollen Kraft sind. Sehr oft wird die Überzeugung, es alleine schaffen zu müssen, zusätzlich mit Ausreden verstärkt. Und zwar immer dann, wenn Unterstützung mit irgendwelchen Erklärungen oder Rechtfertigungen abgelehnt wird. Wir erkennen es durch Äußerungen wie „Ich habe keine Zeit”, „Ich kann es mir nicht leisten”, „Das wird schon von alleine besser werden” und „Ich warte, bis alles ruhiger wird.”

Die folgenden Punkte können uns helfen, Unterstützung mit mehr Leichtigkeit anzunehmen:

- Andere explizit um ihre Unterstützung bitten und zugleich respektieren, wenn sie nein sagen.
- Uns eingestehen, dass wir es nicht alleine schaffen müssen – noch können.
- Hinschauen, ob wir das Annehmen von Hilfe mit unserem Selbstwert verknüpfen, indem wir uns einreden, dass Hilfe annehmen ein Ausdruck von Schwäche ist.
- Uns an das geistige Gesetz „Geben *und* Empfangen" erinnern.

Eine kraftvolle Wechselwirkung

Die vier genannten Muster – Selbstsabotage, Selbstmitleid, Angst vor Ablehnung und der Glaube, es alleine schaffen zu müssen – wirken nicht in sich getrennt, sondern stehen in einer starken Wechselwirkung mit einer Reihe weiterer Muster. Wie das vollständige Zusammenspiel aussieht und wie wir durch die Kenntnis davon Quantensprünge erleben können, entdeckst du im „Überwinde deine Grenzen"-Onlinekurs. Selbstsabotage als Beispiel steht in Verbindung mit Selbstmitleid sowie Hoffnungslosigkeit, Überforderung und Resignation. Diese direkte Wechselwirkung bedeutet, dass Selbstsabotage sowohl die genannten Muster bekräftigen als auch durch sie ausgelöst werden kann. Selbstsabotage hat aber noch weitere Folgen. Und zwar führt sie oft zu Selbstzweifel, Sorgen und Ängsten, löst Schuldgefühle aus und verstärkt das Gefühl, versagt zu haben. Beginnst du zu erkennen, welche immensen Auswirkungen bereits ein einziges dieser vier Muster haben kann? Durch die Bewusstmachung können wir sie für immer durchbrechen und eine neue Selbstermächtigung und Freiheit erleben.

Harte Arbeit oder einfacher Weg

Wie wir gesehen haben, ist der Weg in die nächste Dimension unseres Lebens stark von unseren Denk- und Verhaltensmustern abhängig und es eröffnet sich die Frage: Ist Erfolg automatisch verknüpft mit harter Arbeit oder soll der Weg unbeschwerlich und einfach sein? Bekannterweise haben sich zwei grundlegend unterschiedliche Sichtweisen entwickelt, die in Wirklichkeit gegensätzliche Pole derselben Sache sind: Erfolg. Die eine Denkrichtung vertritt die Meinung, dass Erfolg nur mit *harter Arbeit* möglich ist. Die andere, dass die richtige Wahl der *Weg* mit dem *geringsten Widerstand* sei. Wir können festhalten, dass beide Sichtweisen ihre Berechtigung haben. Und wie wir sehen werden, lassen sich beide sinnvoll fusionieren. Doch vorher betrachten wir die Möglichkeiten und Tücken der beiden Ansätze.

Ohne harte Arbeit kein Erfolg

Diese Überzeugung suggeriert, dass wir unsere Vision nur durch harte Arbeit verwirklichen können. Das Herausragende daran ist die Tatsache, dass Handeln als nötiger Teil des Erfolgs gesehen wird. Heute wissen wir zum Beispiel aus diversen High-Performance-Studien, dass nicht Talent, sondern die gezielte, praktische Anwendung (deliberate practice) Erfolg oder Niederlage entscheidend mitprägt. Gerade im Profi-Sport wird dieses Phänomen gerne beobachtet. So glauben viele, dass Nachwuchstalenten im Fußball viel eher der Durchbruch gelingt als ihren weniger talentierten Teammitgliedern. Doch die Praxis sieht anders aus: Während die Talente anfänglich durchaus größere Fortschritte erzielen, schaffen weniger talentierte Spieler häufiger den Sprung in die nächste Liga. Der Grund ist naheliegend: Sie konnten sich nicht auf ihr Talent verlassen und mussten sich von Anfang an bewusst mehr um ihren Fortschritt bemühen. Bei talentierten, jungen Fußballspielern hingegen beobachten wir gerne das Phänomen, dass sie ihr Talent nicht als Sprungbrett, sondern als Podest benutzen. Sie zehren von ihrer bereits vorhandenen und anfänglich stärker ausgebildeten Fähigkeit. Doch ruhen sie sich später, wenn die Weichen gestellt werden, viel häufiger auf ihrem Talent aus. Was für Profi-Fußballer gilt, zählt für uns alle: Arbeit – oder in anderen Worten gezielte Handlungsschritte – ist eine wichtige Voraussetzung für den Erfolg.

> **»Wenn wir uns zu sehr auf unserem Talent, auf Ausreden oder der Bequemlichkeit ausruhen, verbannen wir den Erfolg in eine ungewisse Zukunft.«**

An der ersten Überzeugung fällt die dogmatische und zugleich sehr begrenzte Sichtweise auf, dass Erfolg *nur* mit harter Arbeit erreicht werden kann. Recht behalten damit die Vertreter dieser Schule natürlich sehr wohl, denn schließlich sind auch sie Mitbeschaffer ihrer erlebten Realität. Gefährlich ist bei dieser begrenzten Denkweise, dass harte Arbeit nicht länger nur als ein Teil, sondern das Kernstück für den Erfolg gesehen wird. Das bewegt nicht nur in Japan oder den USA, sondern zunehmend auch in Europa immer mehr Menschen dazu, Überstunden zu leisten und sogar auf ihren wohlverdienten Urlaub zu verzichten, was leider in vielen Unternehmen noch heute als heroischer Akt gefeiert wird. Für meinen Geschmack gleichen solche persönlichen Ausbeutungen einem absoluten Irrsinn. Studien zeigen nämlich, dass die Produktivität drastisch leidet, wenn zu wenige Pausen und Erholungsphasen eingeplant werden.

Beinahe vier Mal so viel Roheisen

Sehr eindrücklich wurde diese Tatsache durch das folgende Experiment bestätigt, das Dale Carnegie in seinem Buch „Sorge dich nicht - lebe!“ erwähnt. Das damalige Unternehmen, Bethlehem Steel Company, stellte fest, dass ein Mitarbeiter pro Tag durchschnittlich 12,5 Tonnen Roheisen schleppte und auf einen Wagen lud. Das Problem: Die Arbeiter waren bereits zur Mittagszeit müde und am Ende des Tages vollkommen ausgelaugt. Hochrechnungen ergaben, dass ein Arbeiter nicht 12,5 Tonnen, sondern 47 Tonnen Roheisen bewegen sollte, ohne am Abend erschöpft zu sein. Das klingt so verblüffend wie das Ergebnis des Experiments. Ein Mitarbeiter namens Schmidt wurde beauftragt, unter strikter Einhaltung von Pausen zu arbeiten. Mit dieser klaren Vorgabe schaffte er es tatsächlich, 47 Tonnen Roheisen zu schleppen und war nicht wie seine Arbeitskollegen völlig erschöpft. Hier ist das Geheimnis:

- Er machte nach jedem Schleppgang eine Pause.
- Er arbeitete pro Arbeitsstunde hochgerechnet 26 Minuten.
- Er machte pro Arbeitsstunde hochgerechnet 34 Minuten Pause.
- Er war fast viermal (!) so produktiv wie seine Kollegen.

Das Problem ist offensichtlich nicht der Einsatz, der nötig ist, um seine Ziele und Träume zu verwirklichen. Die Problematik liegt viel mehr im Irrglauben, dass uns harte Arbeit zum Ziel führt. Harte Arbeit suggeriert unserem Gehirn Druck, Kämpfen und mühseliges Abrackern, bei dem Pausen unerwünscht sind. Es sind Befehle, denen unser Gehirn mit der Ausschüttung von Stresshormonen gehorcht, die die körperliche und geistige Leistungsfähigkeit nachweislich drosseln. In diesem Zustand, der oft mit zu wenig (tiefem) Schlaf verbunden ist, bedarf es weitaus mehr Energie, um das Beste aus sich herauszuholen und sich langfristig vital und erfüllt zu fühlen. Aus diesem Grund hat sich eine andere Denkrichtung durchgesetzt.

Nur der einfache Weg führt zum Ziel

Wie wir noch sehen werden, hat auch diese Überzeugung durchaus seine Richtigkeit, aber mehr als das ist sie verantwortlich für die Verweichlichung und das fehlende Durchhaltevermögen vieler Menschen. Anstatt für eine Sache einzustehen und dafür zu kämpfen, lautet die Devise der Vertreter dieser Sichtweise, dass der Weg zum Ziel unbeschwerlich und leicht sein muss. Sobald die Dinge nicht wie geplant funktionieren, sobald irgendwelche Stolpersteine vorhanden sind, sobald eine Anstrengung notwendig ist, flüchtet sich dieses Lager in die Ausrede, „Das ist wohl doch nicht das, was ich tun möchte". Das Leitmotto dieser Denkweise ist: „Ich tue das, was mir Spaß macht und wenn ich mich anstrengen, verändern oder wachsen muss, lasse ich es bleiben." Und genau hier endet für die meisten Vertreter dieser Gruppe auch die Bereitschaft, neue Wege zu gehen und sich einer Herausforderung zu stellen. Psychologen nennen diese innere Einstellung ein fixiertes Mindset (fixed mindset).

"Die Problematik liegt nicht in der Überzeugung, dass der Weg einfach sein kann, sondern einfach sein muss und es sich ohne diese Voraussetzung um den falschen Weg handelt."

Genau wie die erste Überzeugung hat sich auch letztere in den Köpfen vieler Menschen eingenistet. Sobald sie herausgefordert werden, etwas mehr Gas zu geben, geben sie stattdessen auf. Sobald sie den ersten Rückschlag erleiden, verwerfen sie die Hände und gehen zur nächsten Sache weiter. Sobald sie mutige Schritte umsetzen müssen, die nicht in das Raster ihres fixierten Mindsets passen, bleiben sie lieber stehen oder gehen zwei Schritte zurück. Offensichtlich sind die wirklichen Verlierer die Vertreter der letzteren

Überzeugung, denn sie sind im eigenen Irrtum gefangen, dass Herausforderungen, Rückschläge und Stolpersteine nicht zum Erfolgsweg dazuzählen.

Die Vereinigung der beiden Überzeugungen

Wie lassen sich zwei vollkommen unterschiedliche Denkweisen und resultierende Verhaltensmuster zu einem neuem, kraftvollen Ansatz vereinen? Lies aufmerksam weiter, um es zu erfahren. Die Überzeugung, dass *harte Arbeit* zum Ziel führt, bildet für viele den Grundstock für die persönliche Ausbeute. Der Irrglaube, dass der Weg ausschließlich leicht sein *muss*, um Erfolg zu haben, verhindert hingegen, dass viele Menschen jemals Wind unter die Flügel bekommen.

Und doch sind beide Wege, wie wir bereits gesehen haben, lediglich gegensätzliche Pole des Erfolgs. Das Polaritätsgesetz besagt, dass harte Arbeit nur im Kontrast zum einfachen Weg existieren kann. Erst wenn wir sowohl die Möglichkeiten und Grenzen beider Überzeugungen erkennen, können wir sie aus dem Betrachtungswinkel der Wahrheit als ganze Einheit sehen. Harte Arbeit kann auf Dauer ebenso wenig wie die Verneinung von Herausforderungen und Stolpersteinen zum erfüllten Erfolg führen. In Wirklichkeit bedarf es beider. Vernon Howard schreibt in seinem Buch „The Power of Your Supermind“ treffend: „Wenn du etwas tust, weil du es zuerst *siehst*, dann ist deine Handlung richtig.“ Und er ergänzt: „Die Zeit wird kommen, wenn du keine Angst mehr hast, nicht weiterzukommen. Du wirst sehen, dass du schon da bist und es schon immer warst.“

Wenn wir uns für den einfachen Weg entscheiden, werden wir weder von Herausforderungen befreit, noch bedeutet es, dass alles nach unseren bewussten Vorstellungen geschieht oder wir beim ersten Stolperstein aufgeben sollen. Der einfache Weg beschenkt uns jedoch mit der richtigen inneren Einstellung, um die Anforderungen und den Einsatz auf dem Erfolgsweg zu meistern.

Einfach bedeutet nicht faul, passiv oder uneffektiv. Kontinuierliches Handeln, Durchhaltevermögen, Disziplin und ein hohes Mass an Hingabe und positiver Energie sind nötig. Es unterliegt jedoch unserer Entscheidung, diese Voraussetzungen als harte Arbeit oder als einen Bestandteil des einfachen Weges zu betrachten. Der Weg zum Erfolg kann einfach sein, wenn wir uns die Erlaubnis geben, ihn als solchen zu sehen.

Vernon Howard umschreibt den einfachen Weg mit einem eindrücklichen Bild: „Du willst etwas in der Außenwelt erreichen. Du drückst hart. Das Projekt schlägt fehl und du fühlst dich schlecht. Das Projekt ist fehlgeschlagen, weil du einen bestimmten Felsbrocken ausgewählt, ihn als deinen bezeichnet und versucht hast, ihn bergab zu schieben. Aber du kannst diesen oder jenen Felsbrocken nicht schieben. Er rollt entweder von selbst bergab oder gar nicht. Du kannst keinen Felsbrocken schieben, der dich anzieht, aber du kannst welchem rollenden Felsbrocken auch immer bergab folgen. Darin liegt keine Anstrengung oder Angst. Wenn er irgendwo auf dem Weg anhalten sollte, versuche nicht, ihn weiter zu schieben und sei nicht verärgert oder wütend. Es liegt nicht an dir, ob er überhaupt rollt oder ob er auf dem Weg anhält oder nicht. Schaue dich um. Es gibt andere Felsbrocken, denen du folgen kannst, wenn du möchtest. Genieße ihr leichtes Rollen, aber nenne sie nicht deine eigenen. Niemand kann sie dir nehmen, aber die Realität kann es, doch das ist immer zum Guten, nicht zum Schaden. Schiebe keinen Felsbrocken. Folge dem rollenden Felsbrocken."

Lass uns bewusst werden, welche neuen Möglichkeiten wir für uns und unsere Mitmenschen erkennen, wenn wir uns von nun an für den einfachen Weg und die Bereitschaft, Herausforderungen mit einem offenen Herzen anzunehmen, ausdauernd zu sein und kontinuierlich zu wachsen, entscheiden.

Auf die Überholspur mit guten Gewohnheiten

Gute Gewohnheiten sind verinnerlichte, automatisch wiederkehrende Muster, die uns wie gut ausgebaute Autobahnen schnell zum Ziel führen. Wir können sie als Überholspur unseres Erfolgsweges sehen. Sie sorgen dafür, dass Gedanken- und Verhaltensmuster meist unbewusst und völlig automatisch ablaufen. Dadurch bringen uns Gewohnheiten eine enorme Erleichterung, denn wenn wir uns jeden Morgen überlegen müssten, wie wir uns am besten anziehen, würde dies enorm viel Energie kosten. Jede neue Gewohnheit bedarf anfänglich einer bewussten Verinnerlichung und Angewöhnung der einzelnen Schritte. So haben wir das Laufen, Lesen, Schreiben, Schwimmen, Fahrrad- und Autofahren gelernt. Dasselbe gilt für das negative Denken, Angst, Rauchen, schlechte Ernährung, zu wenig Bewegung und Negativität. Gewohnheiten können uns vorwärtsbringen und sie können uns ausbremsen. Das Problem sind nicht die Gewohnheiten, sondern die *Qualität* der Gewohnheit. Schlechte Gewohnheiten werden ungern zugegeben, doch es ist kein Geheimnis, dass uns schädliche Angewohnheiten in die Sackgasse und langfristig nicht zu den erhofften Ergebnissen führen.

Was schlechte Gewohnheiten am Leben hält

Obwohl Gewohnheiten Automatismen sind, bleiben wir verantwortlich für ihre Lebensdauer. In erster Linie sind es *Ausreden* und *Rechtfertigungen*, die das Bestehen schädlicher Gewohnheiten ermöglichen. Sicherlich kennst du Menschen, die anderen erklären, dass sie aus Genuss Kettenraucher sind, nicht zum Sport gehen, weil sie zu wenig Zeit haben oder angeblich schlecht gelaunt seien wegen ihres Umfelds. Ehrlicherweise sollten wir alle zugeben, dass auch wir schon einmal eine schlechte Gewohnheit öffentlich oder in Gedanken mit fragwürdigen Erklärungen verteidigt haben. Das ist nicht schlimm, doch die Konsequenzen schädlicher Gewohnheiten machen die Angelegenheit unangenehm.

Frage dich, welcher Kettenraucher wirklich aus Genuss raucht? Wer nicht zum Sport geht, weil er tatsächlich zu wenig Zeit hat? Wer wegen seines Umfelds schlecht gelaunt ist? Selbst wenn der Kettenraucher seine Zigaretten genießt, der Auslöser seiner Sucht ist nicht der Genuss. Menschen, die glauben zu wenig Zeit zu haben, gibt es viele, aber das ist nicht die Ursache, warum sie keinen Sport treiben. Schlechte Laune ist weit verbreitet, doch keinesfalls können wir die Auslöser auf das Umfeld schieben. Wie du immer klarer erkennst, kommt eine schlechte Gewohnheit mit einer Reihe vertauschter Tatsachen. Solange wir diese Halbwahrheiten am Leben halten, werden wir keinen guten Grund finden, um uns die schlechte Gewohnheit abzugewöhnen. Erst, wenn wir uns auf die wahren Ursachen einlassen, können wir uns eine bessere Gewohnheit aneignen. In Wirklichkeit ist sowohl das Rauchen wie auch der Glaube, zu wenig Zeit zu haben und aufgrund seines Umfeldes schlecht gelaunt zu sein, eine Gewohnheit.

Erkenne die schlechten Gewohnheiten

Wahrscheinlich fühlst du dich erleichtert zu erfahren, dass wir weder die Ursachen noch alle Zusammenhänge verstehen müssen, um eine schädliche Gewohnheit aufzugeben. Sich einzugestehen, dass es sich um eine Gewohnheit handelt, die wir aufgrund ihrer Qualität verändern möchten, ist jedoch unausweichlich. Hier einige Beispiele: Finanzielle Sorgen sind eine schädliche Gewohnheit. Sich den Kopf zu zerbrechen, was andere über uns denken, ist eine schlechte Gewohnheit. Dinge aufzuschieben ist eine destruktive Gewohnheit. Oft werden solche Gewohnheiten aber nicht als das gesehen, was sie wirklich sind und andere Menschen, beliebige Umstände, Zeit oder Ausreden müssen als Erklärung herhalten. Dieses (unbewusste) Vorgehen verfolgt nur ein Ziel: die schlechte Gewohnheit weiterzuführen. Wenn wir hingegen eine Gewohnheit aufgeben und mit einer besseren ersetzen möchten, brauchen wir andere Schritte.

„Der erste Schritt, um eine schlechte Gewohnheit durch eine bessere zu ersetzen, ist das Eingeständnis, dass es sich um eine schädliche Gewohnheit handelt.“

Das mag logisch klingen, doch wir sprechen von der vollen Selbstverantwortung, die wir für eine schlechte Gewohnheit übernehmen. Kein Wenn und Aber, keine Schuldzuweisungen und keine Ausreden und Erklärungen. Schlicht und einfach: Ich bin 100 % verantwortlich. Das ist keine schwere Aufgabe, denn es ist lediglich eine Entscheidung. So gelingt sie uns: Wir wählen eine Gewohnheit, die wir ehrlicherweise als schädlich bezeichnen und schreiben sie auf ein Blatt Papier. Unser Verstand wird daraufhin automatisch tausende Gründe finden, womit diese Gewohnheit begründbar ist. Wir dürfen diesen Argumenten keine Aufmerksamkeit schenken, sondern wir müssen uns entscheiden, die volle Verantwortung zu übernehmen. Wir schreiben also auf das Papier: „Hierbei handelt es sich um eine schädliche Gewohnheit und ich alleine bin dafür verantwortlich.“ Wenn wir diese beiden einfachen Aufgaben tatsächlich schriftlich umgesetzt haben, sind wir für den zweiten Schritt bereit.

„Der zweite Schritt ist uns zu fragen, welche *Qualität* die neue Gewohnheit haben soll.“

Im ersten Schritt haben wir uns entschieden, dass es sich um eine schädliche Gewohnheit handelt und *wir* dafür verantwortlich sind. Nun kommt eine weitere, wichtige Aufgabe auf uns zu. Wir verschaffen uns Klarheit, welche *bessere* Gewohnheit wir uns anstelle der schlechten angewöhnen könnten. Wir nehmen dazu erneut ein Blatt Papier und halten unsere Gedanken fest. Nicht zu früh aufzugeben und so lange nachzudenken, bis eine erfolgversprechende Lösung auf dem Papier steht, ist entscheidend. Wie lautet die neue Gewohnheit?

Neue Gedankenmuster

Wie du bereits weißt, basieren Gewohnheiten auf wiederholten Gedankenmustern, die größtenteils unbewusst ablaufen. Doch es gibt eine relativ einfache Möglichkeit diese zu durchbrechen. Alles, was wir dafür brauchen, ist unsere Denkfähigkeit, ein Blatt Papier und einen Schreibstift. Als nächstes erlauben wir uns, an eine schlechte Gewohnheit und die Umstände, die damit zusammenhängen, zu denken. Jemand, der z.B. sehr viel umherreist und glaubt, dass er sich deswegen nicht ausgewogen ernähren kann, würde an seine ungesunde Ernährung (schlechte Gewohnheit) und die Tatsache, dass er viel umherreist (Umstände) denken. Wir machen uns also die wiederholten Gedankenmuster bewusst, indem wir unsere Umstände beschreiben. Im vorherigen Beispiel könnten wiederholte Gedanken beinhalten wie: „Ich reise viel und kann mich deshalb nicht gesund ernähren." „Ich ernähre mich unausgewogen." „Mir fehlen die Zeit und Ruhe, um mich besser zu ernähren." Es gibt keine richtigen oder falschen Gedankenmuster. Das Ziel ist einfach alles aufzuschreiben, was uns in den Sinn kommt. Als nächstes fragen wir uns, welche Gedankenmuster wir uns aneignen müssten, um das angestrebte Ziel zu erreichen. In unserem Beispiel würde sich die Betroffene fragen, wie sie über ihre Umstände denken würde, wenn sie sich bereits gesund und ausgewogen ernährt. Daraus ergeben sich neue Gedankenmuster, wie z.B. „Ich reise viel und ernähre mich trotzdem gesund" und „Ich achte auf eine ausgewogene Ernährung." Diese Gedanken bilden das Fundament der neuen Gewohnheit. Um uns eine neue Gewohnheit anzueignen, sollten wir uns nicht nur mit der Qualität der Gewohnheit, sondern mit den neuen Gedankenmustern beschäftigen. Mit diesen Überlegungen haben wir bereits einen Großteil abgehakt. Doch es gibt zwei weitere Schritte, die wir unbedingt beachten sollten.

”Der dritte Schritt ist das Untermauern mit einem starken Warum.“

Die Beantwortung bestimmter Fragen bringt uns Klarheit über unseren Antrieb. Der innere Antrieb ist das Warum, das uns veranlasst, eine neue Gewohnheit zu beginnen und später automatisch fortzuführen. Offensichtlich haben viele Menschen neue Gewohnheiten begonnen, aber nur die wenigsten haben sie auch so lange weitergeführt, bis sie zu Automatismen wurden. Stell dir vor, ein Kettenraucher sieht ein, dass sein Rauchen eine schlechte Gewohnheit ist und er sich viel lieber um seine Gesundheit kümmern (neue Gewohnheit) sollte. Solange er keinen guten Grund dafür hat, wird er die neue Gewohnheit nur vorübergehend aufrechterhalten. Mit dem Auftreten gesundheitlicher Beschwerden aber haben schon zahlreiche Menschen das Rauchen aufgegeben. Warum? Sie erkennen einen guten Grund (ein Warum). Zum Glück können wir unser Warum bereits vor Eintreten einer Schieflage erkennen. Auch hier bedarf es erneut unserer Denkfähigkeit. Wir beginnen mit dem Beantworten der folgenden Fragen. Unsere Antworten sind ein erster Entwurf unserer Beweggründe. Mit der Zeit werden sich möglicherweise weitere Gründe ergeben, aber viel wichtiger ist, dass wir uns täglich daran erinnern.

- Warum haben wir uns ausgerechnet für diese bessere Gewohnheit entschieden?
- Was sind die Beweggründe, die uns veranlassen, ab jetzt dieser Gewohnheit nachzugehen?
- Was bringt uns diese neue Gewohnheit, wozu die bisherige schlechte Gewohnheit nicht imstande war?

Die Warum-Liste

Das Bewusstmachen unserer Beweggründe kann die Qual der Wahl der „schlechten oder guten Gewohnheit?“ verringern. Sobald wir unser Warum ins Spiel bringen, werden wir uns für die gute Gewohnheit entscheiden, wenn sie uns wirklich am Herzen liegt. Das bedeutet nicht, dass wir die neue Gewohnheit immer gleichermaßen genießen werden. Es wird Tage geben, an denen wir sie lieber wieder aufgeben. Auch in solchen Momenten kann uns die Kenntnis der Beweggründe wieder auf Kurs bringen. Wir müssen dafür sorgen, dass wir leichten Zugriff zu unserem Warum haben. Dafür stellen wir am besten eine Warum-Liste auf. Inhaltspunkte dieser Liste können sowohl die *Nutzen* der erwünschten Gewohnheit wie auch unsere persönlichen *Beweggründe* sein. Beispielsweise kann eine mögliche Warum-Liste für die regelmäßige, körperliche Bewegung folgende Punkte enthalten:

- Reduziert Angst und Stress
- Minimiert das Risiko zahlreicher Krankheiten (Diabetes, Darmkrebs, Bluthochdruck)
- Fördert die Bildung von Knochen, Muskeln und Gelenken
- Steigert die Lebensqualität
- Verbessert den Schlaf
- Schützt vor geistigen Krankheiten im Alter
- Unterstützt die gesunde Gewichtskontrolle[4]
- Wirkungsvoll bei depressiver Stimmung
- Stärkt das Selbstbewusstsein[5]
- Der effektivste, kurzzeitige Zufriedenheitsverstärker[6]

Sobald wir eine Gewohnheit mit positivem Nutzen in Verbindung bringen, wittert unser Gehirn eine Belohnung und schüttet Dopamin aus. Wie wir noch sehen werden, ist Dopamin das Motivationshormon, das uns in die Gänge bringt. Lass uns nun klären, welche Beweggründe wir für unsere neue Gewohnheit haben.

„Der vierte Schritt ist, die Angewöhnung der neuen Gewohnheit einzuplanen und damit zu beginnen.“

Diesen letzten Schritt übergehen viele und scheitern kläglich bei ihrer Umsetzung. Die geplante Angewöhnung der neuen Gewohnheit ist nicht mit der zufälligen, sporadischen Übung zu verwechseln. Letztere ist der beste Weg, um uns schnell wieder in der alten Gewohnheit zu finden. Einplanen bedeutet, dass wir uns fragen, welche konkreten Schritte für die neue Gewohnheit nötig sind und diese als Fixtermine einplanen. Mit der Gewohnheit zu beginnen bedingt, dass wir sämtliche Ausreden und das Aufschieben nicht länger tolerieren. Wenn wir an unseren Lieblingsmusiker, unser Lieblingsrestaurant oder Lieblingsurlaubsziel denken und jemand zu uns sagen würde: „Du bist nächste Woche zum Konzert, Abendessen oder Urlaub eingeladen“, würden wir diesen Termin mit Sicherheit eintragen und alles andere liegen lassen. Genau so sollten wir mit neuen Gewohnheiten verfahren. Es geht also um die *Verbindlichkeit* und *Umsetzung*.

Mit Erfolgsgewohnheiten beginnen

Ich nenne bessere Gewohnheiten, durch die das gesteigerte Lebensgefühl (unser höchstes Ziel) ermöglicht wird, *Erfolgsgewohnheiten*. Es sind Strategien, die wir bewusst anwenden, um in beliebigen Lebensbereichen die nächste Ebene zu erreichen. Die *richtigen* Strategien sind dabei der Schlüssel. Womöglich fragst du dich, wie wir herausfinden können, ob ein Ansatz richtig oder falsch ist. Wenn wir eine Strategie nicht einmal, sondern kontinuierlich und regelmäßig angewendet und immer wieder dieselben unerwünschten Ergebnisse erzielt haben, ist es Zeit, die Strategie in Frage zu stellen. Es ist ziemlich offensichtlich, dass zu wenig Bewegung, eine falsche Ernährungsweise und negative Gedanken über den Körper zu Unwohlsein und Übergewicht führen können. Es scheint logisch, dass ständige Kritik und Schuldzuweisungen eine Beziehung nicht in wirkliche Harmonie bringen können. Und es ergibt sicherlich Sinn, dass die Überzeugung, eine anstrengende Arbeitsstelle nicht aufgeben zu können, bereits zu Wochenbeginn einen Energiesturz verursachen kann.

So einleuchtend diese drei genannten Beispiele sind, so handelt es sich um Strategien, die unzählige Menschen in der Hoffnung auf bessere Ergebnisse stur weiterverfolgen. Albert Einstein sagte dazu passend: „Die Definition von Wahnsinn ist, immer wieder das Gleiche zu tun und andere Ergebnisse zu erwarten.“[7] Ich bevorzuge die Bezeichnung *Ignoranz* (Unwissenheit), denn die Ursache liegt oft in der fehlenden Bereitschaft, seinen Blickwinkel zu ändern, was mit der fehlenden Kenntnis einer alternativen Sichtweise zusammenhängt. Es geht einmal mehr um das Festklammern an alten Überzeugungen. Und durch diese Rechthaberei bleiben viel zu viele Menschen in unnötigen Leidenstälern stecken.

»Wenn uns eine Strategie trotz kontinuierlicher Anwendung nicht wie erwünscht weiterbringt, sollten wir nicht auf andere Ergebnisse hoffen, sondern uns ernsthafte Gedanken über eine bessere Strategie machen.«

Falsche Strategien erkennen

Es gibt eine Reihe von Gründen, warum Strategien angewendet werden, die niemals zum erwünschten Ziel führen (können). Wie du bereits weißt, passiert es in erster Linie aus Ignoranz (Unwissenheit). Etwas nicht zu wissen, macht niemanden zu einem ignoranten Menschen. Wenn wir von Strategien sprechen, wird aber kein hohes Wissen vorausgesetzt, um zu erkennen, ob die Strategie funktioniert oder nicht. Wenn wir als Strategie zur Gewichtsreduktion das regelmäßige Essen von Fast Food wählen, werden die Waage und der Spiegel zeigen, dass wir so nicht zum erwünschten Ergebnis kommen. Ignoranz bedeutet, stur an derselben Strategie festzuhalten, obwohl leicht erkennbar ist, dass sie nicht zum Ziel führt. Es fehlt nicht das Wissen, sondern die Bereitschaft, sich auf eine bessere Strategie einzulassen.

Ein weiterer Grund, warum eine Strategie weiterverfolgt wird, ohne die erwünschten Ergebnisse zu erzielen, sind *verborgene Motive*. Mit anderen Worten, wer behauptet, er möchte sein Gewicht reduzieren, aber eisern an einer Strategie festklammert, die ihn niemals ans Ziel bringen wird, verdeckt unbewusst seine wahren Beweggründe. Er sagt zwar, dass er gerne abnehmen möchte, aber in Wirklichkeit gibt es konkurrierende Interessen wie z.B. Ängste, die ihn davon abhalten, sein Ess- und Bewegungsverhalten zu verändern. Auch in Beziehungen spielen verborgene Motive eine große Rolle. Wenn es einem Paar mit derselben Vorgehensweise nicht wie gewünscht gelingt, frische Energie und Liebe in die Beziehung zu bringen, scheint es einleuchtend, dass sie eine neue (bessere) Strategie befolgen sollten. Das passiert aber nur dann, wenn beide Beziehungspartner tatsächlich die Beziehung retten wollen. Ein Partner kann nämlich unbewusst auch an einer nicht bewährten Strategie festklammern, um die Beziehung in der gewohnten Schieflage zu halten und sich so seiner Angst vor Veränderung nicht stellen zu müssen.

Rechthaberei aufgeben

Wie wir gesehen haben, dienen verborgene Motive unbewusst gerne dazu, gewisse Ängste zu überdecken. Insbesondere die Angst, falsch zu liegen (nicht gut genug zu sein) spielt eine entscheidende Rolle bei der Wahl von Strategien. Die fehlende Bereitschaft, eine nicht zum Ziel führende Strategie aufzugeben, bedeutet in der Tat Rechthaberei. Es ist so gut wie unmöglich, seine Meinung als die einzig richtige zu sehen und gleichzeitig offen für neue Wege zu sein. Offenheit bedingt nicht, dass wir keine eigene Meinung haben dürfen, sondern einen spielerischen Umgang wählen, der andere Sichtweisen begrüßt. Wenn uns eine Strategie in eine Sackgasse geführt hat, kommen wir mit

Rechthaberei, Ausreden und Beschuldigungen nicht wieder heraus. Es gibt zwei Möglichkeiten: Entweder behalten wir Recht *oder* wir erreichen unser Ziel.

Neue Wege beschreiten

Wenn Anstrengungen nicht zum erhofften Ergebnis führen, kann dies in Frust, Wut und Enttäuschung enden. Diese Emotionen sind keine guten Wegbegleiter und sollten am besten gleich losgelassen werden. Wir können die Vergangenheit nicht ungeschehen machen. Viel wichtiger ist der jetzige Augenblick. So wie wir uns *jetzt* fühlen, schreiben wir unsere Zukunft. Unser jetziges Gefühl ist stark abhängig von den Visionen (innere Bilder), die wir in Bezug auf unser Leben haben. Neue Wege zu gehen beginnt damit, neue Visionen zu kreieren. Claude M. Bristol schreibt in „The Magic of Believing“: „Solange du am mentalen Bild deiner Idee festhältst und beginnst, sie mit Handlung zu entwickeln, kann nichts deinen Erfolg aufhalten, denn das Unterbewusstsein versagt nie, jede ihm klar und nachdrücklich erteilte Anweisung zu befolgen.“

Die meisten Menschen übersehen, dass das Fehlen einer positiven Vision zu einer *Negativ-Vision* führt. Eine Negativ-Vision bedeutet ein verinnerlichtes Bild eines Umstandes, den wir uns nicht wünschen. Besonders häufig zeigt sich das in Beziehungen. Egal, ob es sich um eine geschäftliche, freundschaftliche oder romantische Verbindung handelt, ohne positive Vision gerät sie irgendwann in Schieflage. Eine gemeinsame, positive Vision entsteht nicht von allein. Die Bereitschaft, sich bewusst auf den Beziehungspartner einzulassen, ist ebenso wichtig, wie einschränkende Überzeugungen und Verhaltensweisen zugunsten neuer aufzugeben und gemeinsam neue Wege zu gehen. In der Tat gilt das nicht nur für Beziehungen, sondern für alle Bereiche des Lebens.

Wenn wir eine neue Strategie gefunden haben, folgen Handlungsschritte. So einleuchtend dies klingt, hier scheitern viele Menschen, weil sie neue Strategien weder verinnerlichen noch lange genug befolgen. Lieber wird auch hier gerne zur Rechthaberei gegriffen, die sich durch Erklärungen wie: „Ich habe es ja einige Male versucht, aber es funktioniert nicht" oder „Ich habe eine Woche lang meine Ernährung angepasst, aber ich sehe keine Veränderungen" äußert. Darum sollten wir lernen, nicht zum Ziel führende von zielführenden Strategien zu unterscheiden. Auch letztere lösen nicht auf Anhieb alle Probleme, doch im Kontext der übergeordneten Vision (das Endergebnis, das wir uns wünschen) betrachtend, bringen sie uns im Gegensatz zu nicht zielführenden Strategien schrittweise voran.

Eine zentrale Rolle spielt die Klarheit über unsere Absichten sowie das Endergebnis, das wir erreichen möchten. Sie bilden das Fundament, auf dem wir mit den richtigen Strategien gezielt aufbauen können. Viele Menschen reden sich ein, dass ihnen die Energie für eine neue Strategie oder Vision fehlt. Du aber erkennst immer klarer, dass sie genau gleich viel Energie für nicht zielführende wie zielführende Strategien brauchen.

»Das Fehlen einer positiven Vision führt zu einer Negativ-Vision, die uns motiviert, auf eine bestimmte, negative Weise zu handeln. Darum sollten wir uns fragen, was wir wirklich erreichen möchten und die richtigen Strategien wählen, um unser Ziel zu verwirklichen.«

Kapitel 3

Geh über dein Limit hinaus

„Unzählige Menschen definieren ihr SPEKTRUM AN MÖGLICHKEITEN anhand falscher und nicht hinterfragter Überzeugungen, die zum Großteil nicht einmal von ihnen stammen."

Fakt ist: Mit derselben Einstellung, die uns an unser persönliches Limit gebracht hat, werden wir es nicht überwinden können. Wir müssen umdenken.

Hinterfragen, was möglich ist

Vielen Menschen wurde bereits im Kindesalter eingetrichtert, was alles nicht möglich sei für sie. Und diese beschränkte Sichtweise prägt ihre Gedanken und Erfahrungen noch heute. Sie leben in einer Welt, in der sie sich ständig vor irgendwelchen Gefahren schützen müssen und sich weit unter ihrem tatsächlichen Potenzial einnisten. Hier ein Beispiel zur Veranschaulichung: Ich unterhielt mich mit einem Bekannten über das Erlernen von Sprachen, eine Sache, die mich nicht nur fasziniert, sondern die ich auch aktiv verfolge. Meine Affinität für Fremdsprachen habe ich früh entdeckt, doch das Beherrschen rührt nicht von einer Begabung, sondern meinem Verlangen und der Bereitschaft, fokussiert und regelmässig zu üben. Mein Bekannter sieht es anders und behauptet, er sei sprachlich nicht begabt. Das führt zu seiner unbewussten Motivation, abgesehen von seiner Muttersprache keine zusätzliche Sprache zu beherrschen. In seinen Augen fehlt ihm die Begabung, so dass er das Erlernen einer neuen Sprache für sich nicht für möglich hält. Er hat in sprachlicher Hinsicht sein Limit erreicht und wird es auch nie überschreiten. Es sei denn, er definiert seine Überzeugung neu. Mein Bekannter ist kein Einzelfall.

»Die meisten Menschen definieren ihr Möglichkeitsspektrum anhand falscher und nicht hinterfragter Überzeugungen«

Zum Großteil stammen diese Überzeugungen nicht einmal von ihnen selbst, sondern sie haben sie unbewusst von ihrem Umfeld übernommen. Was wäre für meinen Bekannten möglich, wenn er seine Überzeugung über den Haufen wirft? Würde er Spanisch, Italienisch, Englisch, Französisch oder Arabisch lernen? Wir wissen es nicht. Zumindest würde er aber ein Stück Glauben an sich selbst zurückgewinnen, was weitaus mehr Bereiche als das Erlernen einer Fremdsprache positiv beeinflusst. Nun stellen Sprachen möglicherweise kein Limit dar, das wir überwinden möchten. Aber mit Sicherheit gibt es andere Bereiche in unserem Leben, in denen wir nicht länger über uns hinauswachen. Womöglich schaffen wir es seit Jahren nicht mehr, unsere Bestform zu erreichen. Oder wir kommunizieren unverändert auf dieselbe, uneffektive Weise mit anderen Menschen. Vielleicht ist es aber auch so, dass wir uns seit Jahren trotz großem Erfolg nicht erfüllt fühlen. Stopp! Hier sind zwei kraftvolle Fragen: „Was ist unser Limit, über das wir hinausgehen möchten?" „Was bedeutet uns das?"

Damit uns dieser Schritt gelingt, sollten wir als Erstes unsere Überzeugungen hinterfragen. Solange wir wie mein Bekannter glauben, dass eine Sache für uns unmöglich ist, kommen wir keinen Schritt weiter. Wir bleiben vor einer verschlossenen Tür stehen, egal wie oft wir klingeln oder darauf einschlagen. Natürlich ist nicht die Tür, sondern unsere Vorgehensweise das Problem. Wenn wir unsere Überzeugungen verändern würden, könnten wir die offene Hintertür erkennen und einfach ins Haus neuer Möglichkeiten eintreten. Jede

Art von Überzeugung basiert auf wiederholten Erfahrungen, die wir in der Vergangenheit gemacht haben und im Jetzt durch unsere Gedanken, Gefühle und Handlungen am Leben halten.

»Eine einschränkende Überzeugung beginnt ihre Kraft zu verlieren, sobald wir uns klarmachen, was möglich wäre, wenn wir diese begrenzte Sichtweise nicht länger als eine unveränderbare Tatsache akzeptieren.«

Wenn wir uns erlauben, solche Überzeugungen ins Bewusstsein zu rufen, erkennen wir immer klarer, wo wir uns selbst ein Limit auferlegt haben, weil wir bis jetzt geglaubt haben, dass wir nicht darüber hinauskommen.

Informationsquellen hinterfragen

Neben unseren eigenen Überzeugungen limitieren wir uns auch gerne durch falsche Informationsquellen. Hier ein illustrierendes Beispiel: Marcel und Peter besprechen eine wichtige Aufgabe, die an Otto delegiert werden soll. Nach ihrem Gespräch wendet sich Marcel an Birgit und beauftragt sie, Otto die Aufgabe zu übergeben. Also bittet Birgit Otto Blumen zu kaufen. Otto möchte sicherstellen, dass er richtig informiert ist und fragt vorab bei Peter nach. Peter bestätigt, dass Otto Ballons besorgen soll. Zu Ottos Überraschung stellt sich heraus, dass Marcel Birgit die falsche Information gegeben hat - Otto soll Blumen kaufen. Als Otto Birgit kontaktiert, um das Missverständnis zu klären, stößt er auf Widerstand. Birgit weist ihn an, nicht länger die Richtigkeit ihrer Informationen anzuzweifeln und behauptet, dass Peter ohnehin keine Ahnung habe. Otto ist verwirrt und sucht das Gespräch mit Marcel. Es stellt sich heraus, dass Peter von Anfang an richtig informiert war, während Marcel Birgit versehentlich falsche Informationen gegeben hat, die sie wiederum an Otto weitergegeben hat. Hätte Otto nicht im Voraus mit Peter und anschließend mit Marcel gesprochen, hätte er aufgrund der falschen Informationen Blumen statt Ballons gekauft. Birgits unsachliche Kritik gegenüber Otto und Peter verdeutlicht, wie wichtig die *Qualität* der Informationsquelle ist. Marcel hat eine Fehlinformation verbreitet, und Birgit hat sie als Wahrheit akzeptiert, was zu ihrer Kritik an Otto und Peter geführt hat. Obwohl Marcels Absichten nicht böswillig waren, ändert dies nichts an der Tatsache, dass Birgit mit ihrer Reaktion gegenüber Otto und Peter ins Abseits geraten ist. Sie hat es versäumt, Marcels Information zu überprüfen und Otto darüber aufzuklären, woher die Informationen stammten.

Es gibt viele Situationen im Leben, in denen wir aufgrund bestimmter, ungeprüfter Informationen nicht sinnvoll reagiert haben. Womöglich haben wir jemanden zu unrecht kritisiert, beschuldigt oder zurechtgewiesen. Oder wir waren beleidigt oder aggressiv, obwohl sich später herausstellte, dass die Situation in Wirklichkeit ganz anders aussah. Der einfachste Weg, um nicht länger auf falschen Informationen basierend zu handeln, ist nachzufragen. Wenn wir unsere Informationsquelle prüfen und bei Unklarheit sicherstellen, dass wir von den richtigen Tatsachen ausgehen, können wir viele Missverständnisse und ihre oft tragischen Folgen vermeiden. Einfache Fragen, wie „Wie meinst du das?“ und „Wie kommst du darauf?“, können uns in die Klarheit führen und die reaktive Schleife durchbrechen. Wenn wir die Tatsachen kennen, fühlen wir uns nicht nur sicherer, sondern wir können unserem Gegenüber mehr Mitgefühl entgegenbringen. Ein eindrückliches Erlebnis, das ich beim Gassigehen hatte, verdeutlicht das Ausmaß.

Wir trafen auf einen alten Herrn, der seinen Hund an der Leine hatte. Verspielt und neugierig näherten sich meine Hunde, worauf mich der Hundebesitzer wie ein Verrückter anschrie, ich solle meine Hunde anleinen, da seiner Angst habe. Ich befolgte seinen Wunsch, ging weiter und dachte mir, dass er wohl einen schlechten Tag hatte. Monate vergingen, bis wir uns erneut im Wald begegneten. Dieses Mal waren alle drei Hunde an der Leine und ich hielt meine zurück, damit er in Ruhe vorbeigehen konnte. In den folgenden Wochen kreuzten sich unsere Wege immer wieder und ich war erstaunt, dass er mich freundlich grüßte.

Und dann geschah etwas Erstaunliches: Meine Hunde näherten sich seinem und sie beschnupperten sich friedlich. Ich versicherte ihm, dass auch meine beiden harmlos seien. Seine Antwort berührte mich: „Das glaube ich Ihnen, aber wissen Sie, ich hatte vor Jahren einen Welpen und da kam ein Hund ohne Leine auf uns zu. Die Halterin versicherte mir, dass er freundlich sei. Mein Welpe lag auf dem Rücken und ihr Hund hat vor meinen Augen den Bauch meines Welpen aufgebissen. Er überlebte, doch seither bin ich sehr vorsichtig." Plötzlich wurde mir bewusst, dass dieser Herr bei unserer ersten Begegnung unbewusst in das damalige Erlebnis zurückversetzt wurde. Das erklärte seine hysterische Reaktion. Diese Information fehlte mir bei unserer ersten Begegnung und ich bin dankbar, dass ich ihn auch damals respektvoll behandelte.

3 Ideen, die uns wirklich voranbringen

Die meisten Ziele fallen in die Rubriken Erfolg, Gesundheit und Fitness, Beziehungen und Erfüllung. Was braucht es, dass wir diese Vorhaben umsetzen? Mitunter Klarheit, Energie, Mut, Produktivität und Einfluss. Doch womit sollen wir beginnen? Das klären wir jetzt. Und zwar decken wir nicht nur drei Bereiche auf, in denen es sich wirklich lohnt, Ziele zu stecken – obwohl es die wenigsten Menschen tun –, sondern wir klären, warum die meisten Ziele gute Vorsätze bleiben.

Es beginnt bei uns

Ziele werden in der Regel als etwas verstanden, das wir erreichen möchten, also etwas, das wir *erhalten* – sprich etwas, das wir zum jetzigen Zeitpunkt noch nicht sind, tun oder haben. Sicherlich ist dir bewusst, dass diese Denkweise nicht im Einklang mit den natürlichen Gesetzen steht (die für uns alle gelten, ob wir daran glauben oder nicht) und die besagen: „Gib und du wirst erhalten." Wahrscheinlich fragst du dich, wie sich dieses Gesetz auf unsere Ziele übertragen lässt.

Sicherlich bist du neugierig, was wir geben können, bevor wir den erhofften Gewinn ernten können. Es gibt einige Möglichkeiten, darunter Geld, Zeit, Energie, Wissen, Fähigkeiten und vor allem *uns selbst*.

„Interessanterweise werden wenige Ziele in Bezug auf unsere Persönlichkeit gesetzt. Dabei bedeutet *sich selbst geben,* zu einem besseren Menschen zu werden.“

In meinem Buch „Überwinde deine Grenzen“ entdeckst du eine verblüffende Formel, die aufzeigt, welche immense Kraft sich hinter der gezielten Persönlichkeitsentwicklung verbirgt und warum sie die Fähigkeit und das Wissen um ein Vielfaches übersteigert. Die Persönlichkeit und der Charakter sind wichtige Bausteine für ein erfülltes Leben, über die wir uns alle regelmässig Gedanken machen sollten. Denn obwohl es sich um eine relativ neue Erkenntnis handelt, wissen wir heute, dass wir unseren Charakter bewusst verändern können, indem wir unser Bewusstsein erweitern. Das habe ich selbst erlebt.

Vor vielen Jahren hatte ich große Angst vor öffentlichen Auftritten. Ich war generell sehr unsicher und zweifelte an mir selbst. Als ich 2010 durch interessante Umstände das erste Mal vor 500 Menschen gesprochen habe, fühlte es sich so an, als hätte ich am eigenen Körper erfahren, wie ein Würfel in eine runde Form gepresst wird. Mein Auftritt war nichts, was zu meinem Naturell passte. Am liebsten hätte ich mich in Luft aufgelöst.

Doch ein innerer Antrieb ermutigte mich, weiter zu machen. So erstaunlich, wie es auch für mich klingt, bis heute habe ich weit über 10.000 Menschen in der Bewusstseinserweiterung unterrichtet und viele Male vor hunderten Menschen gesprochen. Ich kann mittlerweile behaupten, dass mir das öffentliche Reden liegt und sehr viel Spaß bereitet. Wenige Menschen kämen jemals auf die Idee, dass ich einmal sehr unsicher und introvertiert war, wobei ich offen zugebe, dass ich auch heute immer wieder mal Selbstzweifel habe.

Das Entwickeln unseres Charakters ist eine fortwährende Aufgabe. Darum dürfen wir uns fragen, wie wir unser Bewusstsein formen möchten. Wenn wir uns klarmachen, in welche beste Version unseres Menschseins wir uns entwickeln möchten, wie wir uns in unserem Leben zeigen und welche Charaktereigenschaften wir gezielt weiterentwickeln oder uns neu angewöhnen möchten, begeben wir uns selbst in das Ziel, das wir anstreben.

Der Umgang mit anderen

Stell dir vor, uns gelänge es auch zwischenmenschlich, uns genau so zu verhalten, wie wir es möchten. Du erkennst, dass wir gerne andere Menschen für das Elend, den Misserfolg oder die Unzufriedenheit verantwortlich machen. Und so glauben wir, dass wir uns erst dann gut fühlen können, wenn sich andere verändern oder wenn wir dafür sorgen, dass sie ihr Verhalten anpassen. Natürlich wird dies nicht funktionieren. Zumindest nicht in dem Ausmaß, dass wir wirkliche, langanhaltende Harmonie in unseren Beziehungen erleben können. Einmal mehr führt der Weg nicht an uns vorbei.

Vernon Howard beschreibt es sehr eindrücklich: „Wir glauben lieber an die Fähigkeit anderer, uns zu helfen, weil wir ihnen gegenüber Wünsche haben. Aber das erregt Reibung, denn andere haben Wünsche, die unseren eigenen widersprechen. Ein Verlangen gegenüber einem anderen erzeugt eine unbewusste Beharrlichkeit, dass der andere sich so verhalten *sollte* und *muss*, wie wir es wünschen. Wenn er es nicht tut, fühlen wir uns betrogen und ärgerlich. Wir glauben fälschlicherweise, dass die Wunde von der Selbstsucht der anderen Person herrührt, obwohl sie tatsächlich von unserem falschen Verlangen stammt. Wenn wir kein falsches Verlangen mehr haben, sind schmerzhafte Enttäuschungen nicht mehr möglich.“[8]

Erst wenn wir uns Klarheit über unsere beste Umgangsweise mit anderen Menschen verschaffen, können wir tatsächliche Veränderungen erwarten. Wahrscheinlich hast auch du eine Vorstellung, wie du gerne mit deinen Mitmenschen umgehen möchtest. Wenn es dir wie vielen Menschen geht, dann gelingt es dir in vielen Situationen nicht, dein bestes Verhalten abzurufen. Womöglich frustriert dich das und du verurteilst dich selbst oder hast Schuldgefühle. Offensichtlich siehst du immer klarer, dass es eine andere Möglichkeit gibt.

Wenn wir unseren besten Umgang mit anderen Menschen definieren und ihn zu verinnerlichen beginnen, sind wir auf dem richtigen Weg, unsere Beziehungen zu transformieren. Darum ist es so wichtig, dass wir uns Klarheit verschaffen, wie wir mit anderen Menschen umgehen möchten und wie wir unser Verhalten gegenüber unseren Liebsten optimieren können. Dabei ist es sehr hilfreich, uns unterschiedliche Monatsziele für den Umgang mit anderen zu stecken. Denn wir erreichen unsere Ziele niemals ohne die Unterstützung unserer Mitmenschen, die umso größer ist, je besser unsere Umgangsform ist.

Die Art und Weise Dinge zu tun

In einer Zeit, in der Erfolg gerne von irgendwelchen äußeren Umständen abhängig gemacht wird, verliert die Art und Weise, *wie* wir Dinge tun, an Aufmerksamkeit. Erfolg hängt erwiesenermaßen von den richtigen Strategien ab, doch keine Strategie kann ein Mensch ohne sein Zutun langanhaltend erfolgreich und erfüllt machen. Dafür braucht es unsere Energie. Energie entspricht in diesem Zusammenhang unserer Aufmerksamkeit, oder anders ausgedrückt, *die Art und Weise, wie wir etwas tun.* Ein Schwimmer, der seine Technik und letztlich seine Streckenzeit verbessern möchte, kann die vom Coach erteilten Übungen mit wenig oder vollem Elan ausüben. Der Unterschied liegt lediglich in seiner Aufmerksamkeit. Das Ergebnis hingegen unterscheidet sich zwischen Rückschritt und Durchbruch.

Ein sehr guter Indikator, um herauszufinden, wie jemand seine Handlungen durchführt, ist der Grad an *Rollenidentität*. Rollen spielen wir im Leben viele. Manche freiwillig und andere, weil wir sie unbewusst ausgesucht haben. Wie stark wir in einer Rolle stecken, hängt einmal mehr von unserer eigenen Entscheidung ab. Wir sollten uns daher fragen, welche Rollen wir in unserem Leben spielen und welche wir bis jetzt nur halbherzig verkörpert haben. Um uns mit einer Rolle zu identifizieren, brauchen wir in erster Linie Klarheit, *wie* wir sie spielen möchten. Daraus ergibt sich die Art und Weise, wie wir handeln. Wenn wir uns im Klaren sind, wie wir handeln möchten - sei es, dass wir eine Aufgabe als bedeutsam oder schlicht als Teil unseres Alltags betrachten - drehen wir an einer entscheidenden Stellschraube für den Durchbruch.

An dieser Stelle sollten wir uns daran erinnern, dass die Identifizierung mit einer Rolle nur dazu dienen soll, besser zu handeln und nicht uns selbst mit der Rolle gleichzusetzen. Wenngleich wir viele Rollen im Leben spielen, sind wir in Wirklichkeit rollenloses, unbegrenztes Bewusstsein, das vorübergehend in unterschiedliche Verkörperungen schlüpft. Die Hauptrolle des beobachtenden Bewusstseins ist „ICH BIN“. Die Attribute, die wir daranhängen, wie „Ich bin Frau“, „Ich bin 35“, „Ich bin einfühlsam“, „Ich bin unsicher“ usw. sind die Nebenrollen, in denen wir uns allzu oft verlieren.

Hier ist eine sehr kraftvolle Übung, um uns dieser Beobachterrolle bewusst zu werden. Stelle dir vor, du betrachtest die Erde aus dem Weltall. Sieh sie klar vor deinem geistigen Auge oder betrachte ein entsprechendes Bild. Aus dieser Perspektive beginnen wir unsere Rollen, Probleme und das Leben auf Erden aus einem anderen Bewusstsein heraus zu beobachten. Es gewinnt alles an Objektivität. Genau diese Objektivität ist das ewig beobachtende Bewusstsein, das wir sind. Die Hauptrolle des „ICH BIN“.

Worauf es ankommt

Egal, ob wir uns ein Ziel für die Entwicklung unserer Persönlichkeit, den Umgang mit anderen oder die Art und Weise, wie wir handeln möchten, stecken, ein guter Vorsatz ist bekanntlich noch längst nicht das erreichte Ziel. Diese schmerzliche Erfahrung machen sehr viele Menschen. Erkennst du, woran es liegt? Sicherlich hast du auf die fehlende *Dringlichkeit*, mit der Ziele gesteckt und im Anschluss verfolgt werden, getippt. Das bedeutet nicht, dass wir unsere Ziele nicht erreichen möchten, – denn sonst hätten gewisse Menschen keinen inneren Antrieb – sondern falsche Motive wählen. Offensichtlich finden wir *Motiv* auch in *Motiv-ation*, die eine entscheidende Rolle spielt. Wenn wir uns ein Ziel vornehmen, wie z.B. im Bereich der Fitness, der Berufung oder der Beziehung, beginnen wir möglicherweise Schritte umzusetzen und verlieren kurzerhand wieder das Interesse. Statt das Ziel zu verwirklichen, werden wir von einer Lawine voller Ausreden zugeschüttet. Können wir daraus schließen, dass die Motivation fehlte? Nein. Die Motivation ist vorhanden, doch die vorhandenen Motive führen nicht zum Ziel. Wenn sich die Motive (unsere Beweggründe) nicht im Einklang mit dem Ziel befinden, wird es uns nicht an Motivation mangeln, sondern wir fühlen uns motiviert, Dinge zu tun, mit denen wir unser Ziel verfehlen.

Diese 4 Werte sind zeitlos

Motive finden sich auch in persönlichen Werten. Sie können uns als wichtige Wegweiser dienen, um auf Kurs zu bleiben. Wenn wir uns Klarheit über die vorherrschenden Motive verschaffen, können wir besser mit Ablenkungen umgehen und dadurch gezielter vorankommen. Werte sind höchst persönlich und deswegen so unterschiedlich und vielfältig wie das Leben. Dennoch gibt es zeitlose Werte, die nicht nur eine wichtige Tugend verkörpern, sondern wesentlich am persönlichen Fortschritt beteiligt sind. Die vier wichtigsten betrachten wir uns jetzt.

Unser Bestes geben

Es gibt einen wesentlichen Unterschied zwischen „sein Bestes nicht abrufen können“ und „sein Bestes nicht abrufen wollen“. Ich kann mich gut an meine Zeit als Leistungssportler zurückerinnern. In den ersten Jahren fiel es mir aufgrund hoher Nervosität schwer, an entscheidenden Wettkämpfen meine beste Leistung abzurufen. Ich wollte mein Bestes geben, war aufgrund meiner Nervosität aber nicht fähig dazu. Ganz anders sieht es aus, wenn jemand eine Arbeit verrichten muss, die ihm keine Freude bereitet. Anstatt 100 % zu geben, erledigt er seine Arbeit lustlos und ungenau. Er könnte sein Bestes abrufen, tut es aber nicht.

Obwohl die geschilderten Beispiele Unterschiede aufweisen, haben sie ebenso Parallelen. In beiden Fällen verhindert etwas das Abrufen der besten Leistung. Im ersten Fall war es die Nervosität, im zweiten die fehlende Bereitschaft. Es wäre äußerst ungeschickt,

Hindernisse als Ausreden zu benutzen und uns mit der Tatsache abzufinden, dass wir nichts an der Situation verändern können. Was meine Nervosität anbelangte, habe ich nach einigen Jahren weitaus mehr Selbstvertrauen gewonnen und zuletzt eine äußerst fundierte mentale Stärke entwickelt. Jeder Mensch ist imstande, in seiner Kraft zu sein.

Im Sport wird die Bestleistung oft an eine bestimmte Zeit, Höhe, Weite oder Punktzahl geknüpft. Für Leistungssportler sind diese Richtwerte wichtig. Auch außerhalb des Sports werden Bestleistungen anhand spezifischer Werte definiert. Wir sprechen z.B. von Verkaufs- und Umsatzzahlen, der Anzahl Neukunden, Verkäufen oder Follower. Natürlich gibt es weitaus mehr Leistungsparameter, die von Branche zu Branche variieren. Doch wie wir sehen werden, muss „sein Bestes geben" nicht zwingend bedeuten, die persönliche Bestmarke zu erreichen oder sogar zu toppen.

Was zählt ist unsere Absicht

Sein Bestes geben im Leben beruht auf einem anderen Hintergrund, und zwar, die *bestmögliche Arbeit zu leisten, die im Moment möglich ist*. Wenn wir nicht ausgeschlafen sind, sind wir nachweislich nicht so leistungsfähig wie nach sieben bis acht Stunden Schlaf. Anstatt die Umstände als Ausrede zu benutzen, kann es ein gewaltiger Ansporn sein, trotzdem sein Bestes abzurufen. Im Vergleich zur Bestleistung mag die momentan mögliche Leistung tiefer liegen, aber die Absicht bleibt 100 %.

Wir haben in dieser erschwerten Situation unser Bestes gegeben. Das zählt. Problematisch wird es, wenn eine erschwerte Situation als Rechtfertigung für das ständige Unterbieten der persönlichen Bestmarke benutzt wird. Äußere Umstände wie gesundheitliche, familiäre oder finanzielle Sorgen können offensichtlich die Leistung im Beruf schmälern, die Qualität einer Beziehung in Mitleidenschaft ziehen oder die körperliche und geistige Fitness beeinflussen. Doch kein Umstand der Welt ist Grund genug, um auf Dauer nicht sein Bestes zu geben und andere Faktoren dafür verantwortlich zu machen. Wie du weißt, sind wir imstande, unsere Gedanken und Gefühle und somit unser Verhalten zu steuern. Wenn wir uns vor Augen führen, in welchen Bereichen des Lebens wir in letzter Zeit nicht unser Bestes abgerufen haben und wo wir Veränderungen bewirken könnten, um unser momentan Bestes wieder an und über unsere Bestmarke hinauszubringen, haben wir einen wichtigen Schritt unternommen, um den zeitlosen Wert „stets unser Bestes geben“ zu verinnerlichen. Die Wahrheit ist:

›› Wir befinden uns auf einer ständigen Gratwanderung zwischen Ausrede und Selbstverantwortung. ‹‹

Die Balance halten wir dadurch, dass wir bestrebt sind, stets unser Bestes zu geben und gleichzeitig dafür sorgen, dass die abgerufene Leistung nicht aufgrund veränderbarer Umstände zu weit und zu lange unter der Bestmarke liegt, ohne uns zu verurteilen.

Unsere Mitmenschen respektieren

Dieser zeitlose Wert versteht sich von selbst. Nur die Realität sieht oft anders aus. Respektlosigkeit schleicht sich auf unterschiedliche Weise in Beziehungen, Arbeitsverhältnisse und das soziale Leben ein. Grund dafür ist unter anderem das Konkurrenzdenken, durch das Menschen bewusst und unbewusst auf verschiedene Hierarchiestufen gesetzt werden. Besonders deutlich wird dies in den folgenden zwei Beispielen: Beziehung und Arbeitswelt. Respektloses Verhalten zwischen Beziehungspartnern ist nicht selten. Interessant dabei ist, dass der respektlose Partner im Umgang mit anderen Menschen höflich, wohlwollend und bedacht sein kann. Respekt ist demnach eine *Wahl* und ein Verhalten, das bei Vorhandensein ausreichend wichtiger Gründe gemeistert werden kann.

Die nächste Ebene bedeutet, Respekt nicht nur in gewissen Beziehungen, sondern in allen – und insbesondere in Beziehungen mit seinen Liebsten – zum Ausdruck zu bringen. Auch in der Arbeitswelt finden wir Spuren der Respektlosigkeit. Noch heute gehören Hierarchien in der Businesswelt zur Tagesordnung. Eine wachsende Ausnahme sind Unternehmen, die auf Augenhöhe operieren. Rangordnungen, akademische Titel und langjährige Erfahrung bewirken bei den meisten Mitarbeitern automatisch einen respektvolleren Umgang. Dabei wird übersehen, dass der erreichte Status eines Menschen durchaus bemerkenswert sein kann, aber davon niemals der Grad an Respekt abgeleitet werden sollte, den wir für einen Menschen empfinden. Jemand, der sich aufgrund von Äußerlichkeiten für etwas Besseres hält, tendiert gerne zu einem solchen Verhalten, weil seiner Meinung nach alle unter seinem Niveau befindlichen Menschen keinen Respekt verdienen. Was er übersieht, ist eine wichtige Wahrheit:

»Jeder Mensch verdient Respekt. Denn in Wirklichkeit ist kein Mensch besser oder schlechter, sondern pures Potenzial, das auf unterschiedliche Weise und in verschiedenen Graden zum Ausdruck gebracht wird.«

Respekt bedeutet, dass wir allen Menschen auf Augenhöhe begegnen. Eine ebenso weit verbreitete Respektlosigkeit hat mit unserer Zeit zu tun. Wir leben in einer Ära, in der wir beinahe jederzeit erreichbar sind und Termine bequem über E-Mail oder WhatsApp vereinbart werden können. Viele Menschen vergessen dabei, dass Respekt auch bedeutet, die Zeit und Pläne seines Gegenübers zu respektieren. Zum einen ist es leichter denn je, nach einem Treffen eine kurze Dankesnachricht zu schicken, zum anderen ermöglichen uns Smartphones Verspätungen oder Terminkollisionen rechtzeitig bekannt zu geben. Es kostet lediglich einen Anruf oder eine kurze SMS oder Sprachnachricht, um respektvoll mit unserem Gegenüber umzugehen. Wenn wir uns stets daran erinnern, dass auch andere Menschen viel um die Ohren haben und ihnen auf Augenhöhe begegnen, haben wir den Nährboden für ein respektvolles Miteinander gelegt. Und automatisch werden auch wir respektvoller behandelt.

Zuverlässig sein

Zuverlässigkeit ist eines der besten Siegel, das ein Mensch verdienen kann. Menschen, auf die wir uns verlassen können, sind angesehen und haben einen weitaus größeren positiven Einfluss auf ihre Mitmenschen, als jemand, der viel verspricht und wenig einhält. Zuverlässigkeit zählt ebenso wie Respekt zu einer wichtigen Voraussetzung für ein vertrauensvolles Miteinander. Offensichtlich können Vertrauensbrüche so subtil sein wie zu spät kommen, einen Gefallen nicht wie versprochen erledigen, nicht zum genannten Zeitpunkt zurückrufen und erst zeitverzögert eine Erklärung (oder Ausrede) schreiben. Die Liste ist endlos und so die Möglichkeiten, unsere Zuverlässigkeit zu steigern. Hier sind vier einfache Ideen:

- Versprechen und Zusagen aufschreiben und unsere Tage planen.
- Eine Planänderung, Verzögerung oder Verhinderung rechtzeitig von uns aus melden.
- Grenzen setzen und Nein sagen, wenn wir merken, dass unsere Zusage den Rahmen des Möglichen sprengen würde oder uns unnötig ablenkt.
- Nur so viel versprechen, wie wir auch wirklich einhalten können, ohne selbst die Balance zu verlieren.

Ehrlichkeit gewinnt

Ehrlichkeit zahlt sich langfristig immer aus. Zwar haben Notlügen und unehrliches Verhalten Menschen vorübergehend auch zu ihren Zielen geführt, aber dabei wird gerne übersehen, dass Unehrlichkeit nur in menschlichen Strukturen bestehen kann. Mit anderen Worten: Früher oder später wird es auffliegen oder uns nicht erfüllen, weil wir uns letztlich nur selbst etwas vormachen können. Ehrlichsein beginnt nämlich damit, uns in jeder Situation authentisch zum Ausdruck zu bringen. Es bedeutet also in erster Linie uns und unseren persönlichen Werten treu zu bleiben und diese zu leben.

Wir verzichten bewusst auf die Vertiefung der moralischen Seite der Unehrlichkeit, denn dem erfolgreichen und glücklichen Überflieger ist klar, dass langanhaltender Erfolg und Erfüllung im Leben nur auf Ehrlichkeit aufbauen können. Es gibt jedoch eine Form der Ehrlichkeit, die wir alle besser meistern können: den Umgang mit unserer Zeit. Wie oft haben wir uns schon dabei ertappt, Zeit als Ausrede zu benutzen? In Wirklichkeit übersehen die meisten Menschen eine wichtige Tatsache:

»Zeit ist niemals das Problem. Es sind unsere Auffassung von Zeit und die fehlende Priorisierung, die das Problem darstellen.«

Jeder Mensch hat 24 Stunden pro Tag. Was wir damit anstellen, ist unsere Entscheidung. Doch was hat Ehrlichkeit mit der Zeit zu tun? Wenn wir ganz ehrlich mit uns selbst sind, gibt es eine Vielzahl von Dingen, die wir lassen oder effektiver ausführen könnten. Das alleine macht uns nicht zu einem unehrlichen Menschen, aber die Ausreden, Rechtfertigungen und Erklärungen, die viele Menschen davon ableiten, durchaus: „Ich habe keine Zeit, um regelmäßig Sport zu treiben", „Es tut mir leid, dass ich zu spät komme, der Verkehr war heute Morgen wieder einmal furchtbar", „Ich melde mich, wenn es etwas ruhiger wird." Hinter solchen und anderen Aussagen verbergen sich unterschiedliche Grade von Unehrlichkeit. In den genannten Beispielen wäre es ehrlich zu sagen, dass Sport momentan keine Priorität hat, dass wir zu spät losgefahren sind oder uns im Vorfeld nicht über die Verkehrslage informiert haben und nicht die unruhigen Umstände, sondern das zu geringe Interesse an der Sache der Grund für das Aufschieben ist. Denn wir wissen zu gut:

- Menschen, die Sport treiben wollen, finden trotz täglicher Verpflichtungen Zeit dafür.
- Für einen Termin, der uns enorm wichtig ist, planen wir mehr als genug Zeit ein, um mögliche Staus oder Verzögerungen wettzumachen (denke an das Flugzeug, das dich an den Strand fliegt).
- Ruhigere Zeiten werden ohne unser Zutun und bewusste Veränderung niemals kommen.

Unehrlichkeit enthüllt

Ist es nicht interessant, dass wir von klein auf hören, wie wichtig Ehrlichkeit ist und viele Menschen diesen Ratschlag im späteren Leben nicht befolgen? Es geht nicht nur um die fehlende Ehrlichkeit gegenüber anderen Menschen, sondern *vor allem* um die Unehrlichkeit in Bezug auf uns selbst. In der Tat bezieht sich Unehrlichkeit nämlich immer nur auf uns selbst. Wenn wir uns anderen gegenüber unehrlich verhalten, setzen wir zwar unseren guten Ruf und unser Vertrauen aufs Spiel, doch die meisten Menschen übersehen, dass es viel weitreichendere Folgen gibt.

Jedes Mal, wenn wir uns unehrlich verhalten, sind wir automatisch *uns selbst untreu.* Unehrlichkeit ist also nicht nur ein Reputations- und Vertrauensvernichter, sondern wie wir noch sehen werden, zerstört sie unsere Träume. Sicherlich hast du schon einmal gehört, dass wir eine Vision bereits vor ihrer Verwirklichung leben sollen. Wir sollen uns vorstellen und spüren, wie es sich anfühlt, wenn unsere Träume Wirklichkeit geworden sind. Diese Weisheiten unterrichten Meisterlehrer seit Jahrtausenden. Viele Menschen glauben jedoch, dass sie sich etwas vormachen, wenn sie so tun, denken und handeln, als wäre ihre Vision bereits Wirklichkeit, obwohl sie im Außen nicht sichtbar ist. Sie haben das Gefühl, sich etwas vorzumachen und unehrlich zu sein, weil sie ihre Energie und Aufmerksamkeit statt auf die jetzigen Umstände konsequent auf ihre Vision lenken. Es gibt einen Teil in uns, der ähnlich fühlt. Natürlich sollten wir unsere Umstände nicht verdrängen. Im Gegenteil, unsere Verpflichtungen wahrzunehmen ist eine wichtige Voraussetzung, um auf Kurs zu bleiben. Ebenso wichtig ist das Verständnis, dass wir uns selbst im Weg stehen, wenn wir von der Ist-Situation ausgehen.

»Wenn wir unsere Aufmerksamkeit auf die momentanen, nicht erwünschten Umstände lenken, folgen Rechtfertigungen, Erklärungen und Ausreden.«

Dadurch beginnen wir uns zu verkriechen und immer mehr Gründe zu finden, warum wir unsere Vision nicht leben können – oder schlimmer noch, warum unsere Vision nicht für uns bestimmt ist. Neville Goddard erinnert uns in „At Your Command“: „Die Tür zu öffnen [für das, was wir uns wünschen] bedeutet, eins mit dem zu werden, was anklopft, indem wir *fühlen*, dass wir das Gewünschte sind. Seinen Wunsch als unmöglich zu sehen bedeutet die Tür zu schließen oder diesen Drang zu verneinen. Wenn du in die Freude der Danksagung gelangst, so dass du dich tatsächlich dankbar fühlst, dass du das erhalten hast, was den [menschlichen] Sinnen noch verborgen ist, bist du im Bewusstsein definitiv eins geworden mit der Sache, für die du dich bedankt hast. Du erhältst immer das, was du dir bewusst bist zu sein und niemand bedankt sich für etwas, das er nicht empfangen hat.“ In William Blakes Worten: „Was zu sein scheint, ist für denjenigen [real], für den es zu sein scheint.“

Wo Unehrlichkeit beginnt

Unbewusst folgen wir der guten Absicht, ehrlich zu sein, indem wir die vorhandenen Möglichkeiten von den aktuellen Umständen abhängig machen. Menschen, die nach diesem Rezept leben, sind enthusiastisch, energiegeladen und optimistisch, solange alles gut und wie geplant läuft und verlieren die Zuversicht, Ausdauer und innere Ruhe, wenn die Umstände nicht wie erwartet sind. In Wirklichkeit sind äußere Bedingungen niemals ein Hindernis, Großes zu erreichen, denn alle Menschen tragen ein unendliches Potenzial in sich. Neville Goddard erklärt es in „The Power of Awareness“ wie folgt: „In anderen Worten, alles was du jemals warst oder jemals sein wirst - in der Tat alles, was die Menschheit jemals war oder jemals sein wird - existiert *jetzt*. Die Gesamtheit der Schöpfung existiert in dir und es ist deine Bestimmung, dir zunehmend ihrer unendlichen Wunder bewusst zu werden und immer großartigere und größere Teile davon zu erleben.“

Wir alle sind zu viel mehr fähig, als die meisten von uns glauben und erleben. Was passiert, wenn wir unser Potenzial nicht nutzen? Und welche Folgen haben Rechtfertigungen, Erklärungen und Ausreden? Die Antwort lautet, wir sind unehrlich gegenüber uns selbst. Wir reden uns ein, dass wir zu wenig erfahren, vernetzt, wohlhabend, gesund oder intelligent sind, um unsere Vision zu verwirklichen. Wir verneinen unsere eigene Größe und halten uns durch diese Unehrlichkeit gefangen. Darum sollten wir uns fragen, ob wir wirklich unehrlich mit uns selbst sind, wenn wir unsere Aufmerksamkeit auf unsere Vision lenken; wenn wir so denken, sprechen und fühlen, als wäre unsere Vision bereits Wirklichkeit – wie wir wissen, ist sie das; wenn wir danach streben, unsere Größe zu entfalten und unabhängig von äußeren Umständen glücklich und dankbar sind.

In der Tat sind wir unehrlich mit uns selbst, wenn wir uns rechtfertigen und Erklärungen oder Ausreden finden, warum wir unsere Ziele und Vision nicht erreichen können und uns dadurch der Mangelbewusstheit der Mehrheit anschließen und die Vollkommenheit des Lebens verneinen. Wir können uns entscheiden, es als ehrlich zu bezeichnen, dass wir uns mit den jetzigen Umständen und den scheinbar daraus resultierenden Einschränkungen abfinden müssen. Und es unterliegt ebenso unserer Entscheidung, Ehrlichkeit darin zu sehen, uns Klarheit über die aktuellen Umstände zu verschaffen und uns der Lösung bewusst zu werden, während wir unsere geistige Aufmerksamkeit unerschrocken und voller positiver Erwartung auf unsere Vision – das, was wir wirklich wollen – richten.

Wir wissen, die richtige Entscheidung bedeutet, Letzteres zu befolgen. Darum sollten wir hinschauen, wo wir uns in letzter Zeit auf Mangel ausgerichtet haben, damit wir immer mehr Ausreden eliminieren können und uns zunehmend ermutigt fühlen, unsere Größe zu entfalten und zu demjenigen Menschen zu werden, der unserer besten Version entspricht.

Kapitel 4

Meistere die Stürme des Lebens

»In einer schwierigen Phase erscheinen 10.000 weitere Schritte überwältigend. Sich jedoch auf den NÄCHSTEN Schritt zu konzentrieren, macht die Herausforderung BEZWINGBAR.«

Wenn alles anders kommt als erwartet

Jeder Mensch hat schon einige Male etwas im Voraus geplant und am Schluss kam alles anders. Oder wir waren in gewissen Momenten unseres Lebens so richtig im Fluss, doch statt einen Durchbruch zu erleben, brach alles in sich zusammen. Solche Situationen kennen natürlich alle Menschen. Aber bei weitem gehen nicht alle mit solchen Rückschlägen gleich um. Wenn alles anders kommt, als erwartet, gibt es zwei Möglichkeiten:

- Wir lassen uns vom Unerwarteten stoppen.
- Wir sehen es als eine Chance.

Wie flexibel und optimistisch reagierst du auf unerwartete Veränderungen? Stopp! Lass das einen Augenblick auf dich wirken. Wenn es dir wie den meisten Menschen geht, dann gibt es auch in deinem Leben Raum für noch mehr Flexibilität und Optimismus. Wahrscheinlich bist du neugierig, wie dir das gelingt.

Erstens sollten wir uns die folgenden Tatsachen vor Augen führen: Für viele Menschen scheint es logisch, sich niedergeschlagen zu fühlen, wenn alles anders kommt als erwartet. Aber fühlen wir uns tatsächlich schlecht, weil sich eine Situation nicht wie erhofft ereignete oder liegt der Grund ganz woanders? Wenn das Unerwartete von Natur aus mit einem schlechten Gefühl in Verbindung stünde, müssten wir uns zwangsweise immer schlecht fühlen, wenn etwas anders kommt als geplant. Aber gab es nicht auch Momente, in denen wir uns über eine unverhoffte Veränderung gefreut haben? Beinhaltet das Unerwartete also nicht nur ein schlechtes, sondern auch ein gutes Gefühl? Und wer sorgt dafür, dass uns das gute oder schlechte Gefühl trifft? Die unerwartete Veränderung? Der Zufall? Das Universum?

Wenn es tatsächlich so wäre, dass irgendeine von uns getrennte Kraft entscheidet, wie wir uns fühlen, wären wir Opfer des launischen Schicksals. Menschen, die diese Überzeugung teilen, lassen sich gerne vom Unerwarteten ausbremsen, weil sie sich ohnmächtig fühlen. Sie sehen sich den Auswirkungen einer äußeren Kraft – nenne sie Gott, Liebe, Universum – ausgeliefert, wodurch sie in der Opferrolle stecken. Viele von ihnen sehen die Bedrohung zusätzlich in den unterschiedlichsten Dingen wie Krankheiten, andersdenkenden Menschen oder gesellschaftlichen und wirtschaftlichen Einflüssen. Mit anderen Worten: Sie glauben an ein Universum, dass es manchmal gut mit ihnen meint und in anderen Situationen gegen sie vorgeht. Das führt dazu, dass sie sich verstanden und vom Leben getragen fühlen, wenn alles so läuft wie gewünscht. Sobald sie aber das Unerwartete heimsucht, fühlen sie sich getrennt und bedroht. Oft gehen sie sogar so weit, dass sie den Sinn und die Fairness des Lebens in Frage stellen oder sogar das Leben verdammen. Ist es verwunderlich, dass sie sich vom Unerwarteten und Unkontrollierbaren stoppen lassen?

Es ist äußerst interessant, dass nicht alle Menschen auf dieselbe Weise auf unvorhersehbare Ereignisse reagieren. Wie wir sehen werden, liegt es tatsächlich an unserer Sichtweise. Es gibt nämlich eine weitere Möglichkeit, wie wir mit unerwarteten Situationen umgehen können. Es bedingt, dass wir das Leben in seiner Wahrheit erkennen. In Wirklichkeit beinhaltet das Unerwartete weder ein gutes noch ein schlechtes Gefühl. Das Unerwartete ist *neutral*. Es wird noch besser.

Weder die unerwartete Veränderung noch der Zufall oder das Universum entscheiden, wie wir uns fühlen. Wir sind selbst dafür verantwortlich. Wir entscheiden uns für die positive oder negative Bedeutung eines Ereignisses oder einer Situation und die entsprechenden Gefühle, die sie in uns auslösen. In erster Linie sollten wir uns also entscheiden, ob wir glauben möchten, vom Leben getrennt oder mit dem Leben vereint zu sein. Immer mehr Menschen glauben Letzteres und das ist großartig, denn *wir* sind das Leben. Entscheidend ist, wie stark dieser Glaube wirklich in uns verankert ist. Erst wenn wir ausnahmslos *jeden* unerwarteten Rückschlag als Chance sehen und uns flexibel und optimistisch verhalten, ist die Kraft unseres Glaubens – die positive Erwartung – groß genug, um Berge zu versetzen. Bereits jetzt können wir alle damit beginnen, indem wir uns immer mehr darin üben und erinnern, dass wir selbst entscheiden, welche Bedeutung wir unseren Umständen verleihen.

Stark bleiben, wenn es schwierig wird

Die größte Herausforderung ist das richtige Verhalten, wenn wir an unsere Grenzen kommen. Es stellt sich die Frage, was einfacher ist: während einer schwierigen Phase aufgeben oder weitermachen. In Wirklichkeit wirken sich aber nicht nur das Aufgeben oder Durchhalten auf unser Leben aus, sondern die damit verbundenen *Konsequenzen*. Betrachten wir uns ein typisches Beispiel aus dem Sport. Während der letzten Meter eines Wettkampfs brennen die Muskeln und der untrainierte Geist bringt den Sportler in Versuchung aufzugeben. In einer solchen Situation mag das Aufgeben als Erleichterung empfunden werden. Aber wie lange hält dieses Gefühl an? Und was passiert danach? Wenn uns etwas wichtig genug ist, folgen Reue, Frust oder Wut, weil wir im entscheidenden Augenblick nachgelassen haben. Das ist die Konsequenz des Aufgebens und sie kann uns schwer treffen. Natürlich wird auch das Dranbleiben einiges von uns erfordern, denn wir stecken unsere Energie, Zeit und Mühe hinein. Im Gegensatz zum Aufgeben führt Durchhalten letztlich jedoch zu Genugtuung, Freude und einem Gefühl von Errungenschaft.

»Aufgeben ist nicht einfacher als weitermachen, denn vorzeitiges Nachlassen hat weitaus gravierendere Konsequenzen als die vorübergehende Anstrengung, die das Durchhalten von uns erfordert.«

Das Ziel vor Augen halten

In schwierigen Phasen besteht eine akute Gefahr, das Ziel aus den Augen zu verlieren. Die Gründe sind vielfältig, aber allen voran sind es Selbstzweifel, die uns vom Weg abbringen. Wenn wir unsere Aufmerksamkeit auf die Probleme, die Anstrengung oder Angst lenken, schweifen wir vom Wesentlichen ab. Es ist beinahe so, als würden wir orientierungslos im Nebel umherirren. Vor lauter Grau erkennen wir die Richtung nicht mehr. Das ist eine sehr kritische Phase, in der viele Menschen aufgrund ihrer gefühlten Orientierungslosigkeit und Ohnmacht aufgeben.

Die Navy Seals sind sich dieses Phänomens bewusst und haben einen wichtigen Leitfaden: „Gib niemals in der Dunkelheit auf!" In ihrem Fall bezieht sich diese Ermutigung auf die Hell Week, bei der sie fünfeinhalb Tage lang völlig übermüdet und durchnässt ständig körperlich aktiv sind und sogar eine ganze Nacht im kalten Wasser des Pazifischen Ozeans aushalten müssen. Mit dem Sonnenuntergang beginnt für die Navy Seals die eigentliche Probe, denn die Dunkelheit droht ihre letzten Kräfte und Hoffnung zu rauben. Diejenigen, die die Nacht durchstehen, spüren mit den ersten Sonnenstrahlen einen neu erwachten Durchhaltewillen. Die Dunkelheit bezieht sich in unserem Leben auf schwierige Phasen, die wir alle durchleben. Die Hoffnung und Kraft gewinnen wir durch die Ausrichtung auf unser Ziel.

Konzentration auf den nächsten Schritt

Wenn viele Menschen an ihr Limit kommen, hängt das nicht zuletzt damit zusammen, dass sie sich anstatt auf den nächsten Schritt auf die Gesamtsituation konzentrieren. Hier ein einleuchtendes Beispiel: Stell dir vor, wir stehen vor einem Berg, den wir besteigen möchten. Uns ist bewusst, dass die Wanderung nicht nur lange, sondern anstrengend sein wird. Doch die tatsächliche Herausforderung wird uns erst auf halber Strecke bewusst. Wir sind erschöpft und ausgerechnet zieht auch noch ein schweres Gewitter auf. Umdrehen ist keine Option, denn wir möchten den Gipfel unbedingt erklimmen. Unser Ziel ist klar, doch gleichzeitig erschwert unsere Erschöpfung und das Unwetter unser Weitergehen. Was nun? Wir konzentrieren uns auf den nächsten Schritt. Womöglich bist du neugierig, warum das so wichtig ist. Wenn wir die gesamte verbleibende Strecke zusammen mit unseren schwindenden Kräften und dem Unwetter betrachten würden, könnten wir beginnen, unsere Entscheidung anzuzweifeln. „Sollten wir nicht doch lieber ins Tal zurückkehren?" Wir wissen, dass wir zu weit mehr fähig sind, als die meisten für möglich halten. Die Grenze bildet unsere innere Haltung. Die bevorstehende Reststrecke einer anstrengenden Bergwanderung und der *nächste* Schritt sind zwar Teil derselben Herausforderung, unterscheiden sich jedoch grundlegend.

»In einer schwierigen Phase erscheinen 10.000 weitere Schritte überwältigend. Sich jedoch auf den nächsten Schritt zu konzentrieren, macht die Herausforderung bezwingbar.«

Nicht mit anderen vergleichen

Während der Wettkämpfe war es besonders wichtig für mich, meine Position nicht mit der meiner Mitstreiter zu vergleichen. Früh sagte uns unser Trainer: „Haltet das Ziel vor Augen und schaut nicht nach rechts oder links." Er wollte uns klarmachen, dass wir unseren Fokus auf unser eigenes Rennen und nicht auf die Position der anderen Wettkämpfer richten sollten.

Das ist ein äußerst wichtiger und wertvoller Ratschlag, der nicht nur für Kanurennsportler entscheidend ist, sondern auch in schwierigen Phasen des Lebens Anwendung findet. Die Herausforderung, uns nicht mit anderen zu vergleichen war nie größer als in der heutigen Welt. Im Zeitalter der digitalen Vernetzung teilen immer mehr Menschen gewollt oder ungewollt, wo sie ihre Urlaube verbringen, welche Menschen zu ihrem engsten Familien- und Freundeskreis zählen, was ihre Interessen, Hobbies und Vorlieben sind und wie sie sich online verhalten.

Selbst wenn wir uns gezielt von den sozialen Medien fernhalten, sind wir dennoch in einem ständigen Vergleichswettbewerb mit unserem Umfeld. Das kann uns insbesondere in schwierigen Zeiten schwer zusetzen, denn die meisten Menschen vergleichen ihre Situation auf eine für sie nachteilige Weise mit den Umständen anderer Menschen. Mit anderen Worten vergleichen wir uns nicht mit Menschen, die weniger weit sind oder denen es schlechter geht, sondern mit denjenigen, die angeblich weiter sind, bessere Umstände genießen und mehr zur Verfügung haben.

»Uns mit jemanden, der scheinbar weiter als wir ist, zu vergleichen, ist nur dann sinnvoll, wenn wir einen soliden Selbstwert haben. Die meisten Menschen aber fühlen sich durch einen Vergleich schlechter, wodurch Selbstzweifel entstehen.«

Diese Art von Vergleich führt zu einem Gefühl des Getrenntseins von unseren Mitmenschen, was sehr oft ein Gefühl von Unzulänglichkeit und in der Folge das Anstellen von noch mehr Vergleichen bewirkt. In Wirklichkeit aber bestreiten wir alle unser eigenes Rennen und die Position eines anderen Menschen kann erst durch Kenntnis der tatsächlichen Umstände richtig gedeutet werden. So oft gehen wir ungeprüft von verherrlichenden Interpretationen aus, die Gift für unsere eigene Erfüllung sind. Daher ist das Vergleichen der eigenen Situation mit der unserer Mitmenschen nicht nur wenig aussagekräftig, sondern nachteilig für unseren Fortschritt. In der Tat entfernt uns der Vergleich immer mehr von uns selbst. Krishnamurti sagte es wundervoll: „Wenn wir aufhören, uns mit anderen zu vergleichen, sind wir, wer wir sind." Darum lenken wir unseren Fokus – insbesondere auch in schwierigen Zeiten – immer am Besten auf uns. In uns finden wir die Antworten und die Kraft, die uns weiter voranbringen. Das soll natürlich kein Aufruf für egozentrisches Verhalten sein. Das Mitgefühl, das wir uns selbst entgegenbringen, verdient in solchen Momenten auch unser Umfeld.

Uns selbst anfeuern

Die positiven Zurufe vom Spielfeldrand unseres Lebens können uns Flügel verleihen. Wenn jemand an uns glaubt, entsteht eine Verbindlichkeit, die uns oft keine andere Wahl lässt, als alle vorhandenen Kräfte zu mobilisieren. Und sehr oft sind es weitaus mehr, als wir jemals für möglich gehalten haben. Jeder Mensch braucht seine Cheerleaders, die ihn in schwierigen Phasen an seine unermessliche Größe erinnern, aufmuntern und antreiben. In der Realität sieht es aber oft anders aus.

> ››Wenn es in unserem Umfeld keine positiven Menschen gibt, die an uns glauben und uns anfeuern, dann sollten wir uns einen Coach an den Spielfeldrand unseres Lebens holen.‹‹

Ein guter Coach ist sowohl ein Verbindlichkeitspartner als auch ein Cheerleader. Er lässt uns nicht vom Haken, wenn wir Ausreden finden und führt uns durch seine Fragen zum Gewinn neuer Blickwinkel, Perspektiven und Lösungsansätze. In schwierigen Phasen unterstützt er uns durch seinen Glauben an uns und feuert uns an weiterzumachen. Die Erkenntnisse und Durchbrüche, die dadurch möglich werden, sind faszinierend und unvergleichlich kraftvoll. Das weiß ich aus eigener Erfahrung. Und dann gibt es zusätzlich unseren inneren Coach.

Unser innerer Coach ist die Stimme, die sich ständig über unser Leben äußert. Die Frage ist, wie das Urteil ausfällt. Für die meisten Menschen ist der innere Coach der härteste Kritiker auf Erden. Anstatt mit ermutigenden Zurufen aufzubauen, schmälert er jeden Erfolg oder verhindert den Durchbruch durch die Überbewertung von Ausreden und Ängsten.

Andrew Newberg und Mark Robert Waldman zeigen in ihrem Buch „Words Can Change Your Brain" eindrücklich auf, welche Folgen negative Worte auf unser Gehirn haben. In weniger als einer Sekunde konnte im fMRI eine deutlich gesteigerte Aktivität der Amygdala und die Ausschüttung von Dutzenden stressverursachenden Hormonen und Neurotransmittern festgestellt werden. Newberg und Waldman erklären, dass diese Botenstoffe die normale Gehirnfunktion und insbesondere die Logik, Urteilsfähigkeit, Sprachverarbeitung und Kommunikation unterbrechen. Je länger wir uns auf negative Worte und Gedanken fokussieren, desto mehr können wir sogar die Schlüsselstrukturen für die Regulierung des Gedächtnisses, der Gefühle und Emotionen zerstören. Darüber hinaus laufen wir Gefahr, unseren gesunden Schlafrhythmus, Appetit und die Art und Weise, wie unser Gehirn Glückseligkeit, Langlebigkeit und Gesundheit begünstigt, zu unterbinden. Diese Negativspirale ist umso stärker, wenn wir über Negativität sprechen oder uns mit Negativität in unserem Umfeld umgeben. Dazu zählen negativ eingestellte Menschen, negative Schlagzeilen, Beiträge und Filme.

Interessante Studien zeigen zudem, dass selbst subliminale Botschaften unbewusst unsere Gedanken, Gefühle und Handlungen beeinflussen können. Beispiele umfassen kaum hörbare Worte oder Aussagen sowie negative Gespräche, die wir unbewusst aufsaugen. Alle genannten Gründe veranlassen die erfolgreichsten und erfülltesten Menschen, sich ein positives Umfeld zu schaffen und Negativität konsequent zu verhindern. Denn die gute Nachricht ist, dass positive Worte möglicherweise sogar eine Auswirkung auf unsere Gene haben, wodurch der körperliche und emotionale Stresspegel gesenkt wird. Wenn uns der innere Coach in schwierigen Phasen unseres Lebens nicht automatisch anfeuert, gibt es zwei Möglichkeiten:

- Wir holen uns die Unterstützung eines positiven Coachs, wodurch sich auch der innere Coach weiterentwickelt - ein unbezahlbarer Mehrwert, den viele übersehen.
- Wir feuern uns selbst an.

Offensichtlich ist die wirksamste Entscheidung die Kombination aus beiden, denn die Unterstützung gleichgesinnter, positiver Menschen wird oft unterschätzt. In einer faszinierenden Studie wurde die Wichtigkeit der Unterstützung im Hinblick auf das Abnehmen untersucht. Die Ergebnisse sind verblüffend. Die Probanden nahmen an einem viermonatigen Abnehmprogramm teil, das Ernährungsanpassungen, Bewegung und Verhaltensveränderungen beinhaltete. Die Probanden absolvierten das Programm entweder alleine oder gemeinsam mit drei Bekannten, Freunden oder Familienmitgliedern. Von denen, die alleine an den Start gingen, hatten 76 Prozent das Programm abgeschlossen und 24 Prozent hielten ihr neues Gewicht für sechs Monate. Als Kontrast dazu schlossen 95 Prozent derjenigen, die soziale Unterstützung genossen hatten das Programm ab und 66 Prozent hielten ihr Gewicht dauerhaft. Die letztere Gruppe nahm zudem mehr Gewicht ab.[9]

Uns selbst anfeuern kann so einfach sein wie die folgenden, energievollen Zurufe zeigen: „Komm, das schaffst du!", „Halte jetzt durch, du hast schon viel Schlimmeres gemeistert!", „Du hast alles, was du brauchst. Weiter geht's!" In einer wegweisenden Studie, die der Positiven Psychologie mehr Ansehen brachte, wurde eine große Anzahl Erwachsener im Alter von 35 bis 54 Jahren beauftragt, jeden Abend drei Dinge, die gut ausgingen, aufzuschreiben und eine kurze Begründung zu notieren. Innerhalb von drei Monaten stieg ihr Grad an Glückseligkeit stetig an und ihre depressiven Gefühle nahmen ab, obwohl sie das

Experiment nicht weiterführten.[10] Wir erinnern uns: Wir geben niemals im Dunkeln auf und sorgen für positive Zurufe, denn mit den ersten Sonnenstrahlen wird auch unsere Hoffnung und Kraft zunehmen.

Besser mit Druck umgehen

Druck stellt für viele Menschen ein zunehmendes Problem dar. Sie erleben Druck bei der Arbeit, Druck im Privatleben und spüren den stetigen Druck, mehr erreichen, haben oder sein zu wollen. Das Leben scheint immer mehr von uns zu fordern, doch beim Entwickeln des richtigen Umgangs mit Druck bleiben die meisten stehen. Sehr viele Menschen erleben diesen Druck als schwere Last auf ihren Schultern, als Beklemmung in der Brust, als Klumpen im Bauch oder schlicht als Angst vor Kontrollverlust. Du erkennst, dass es einen besseren Weg gibt, um mit dem täglichen Druck umzugehen. Diesen betrachten wir jetzt.

Als Erstes sollten wir uns daran erinnern, dass wir eine Wahl haben. Druck wird in der Regel als etwas empfunden, das von außen auf uns einwirkt. Die Auffassung, dass die Ursache der Chef, der Ehemann, die berufliche Situation, die Verpflichtung gegenüber den Kindern oder die Gesellschaft sei, lindert den Druck nicht. Im Gegenteil, sie reißt uns immer mehr in die Tiefe.

»Wenn der Druck steigt, schwindet bei den meisten die Erinnerung, dass sie auch in einer solchen Situation eine Wahl haben.«

Es ist leicht, mit dem Finger auf äußere Faktoren zu zeigen, doch eine Druckentlastung findet dadurch nur vorübergehend statt. In Wirklichkeit entlasten wir uns nicht vom empfundenen Druck, sondern lenken uns davon ab. Die Ursachen von Druck finden wir nicht in der Außenwelt oder irgendwelchen Umständen, sondern in der Art und Weise, wie wir sie interpretieren und darauf reagieren. Ausschlaggebend sind dabei unsere persönlichen Werte.

Eine Mutter, die glaubt, sich für ihre Kinder aufopfern zu müssen, indem sie ihre eigenen Bedürfnisse vernachlässigt, wird die Erziehung ihrer Kinder zunehmend als Druck empfinden. Ihre eigenen Werte verbieten es ihr, genügend Freiräume zu schaffen oder Unterstützung anzunehmen, um sich bewusst um sich selbst zu sorgen und dadurch eine zufriedene und bessere Mutter zu sein. Das ist ihre Geschichte.

Die Situation einer anderen Mutter kann vollkommen anders aussehen, weil sie andere Werte lebt. Eine Frau, die sich in ihrer Mutterrolle nicht gänzlich aufgibt, sondern sie als wichtigen, aber nicht ausschließlichen Teil ihres Lebens sieht, wird dafür sorgen, dass ihre Bedürfnisse trotzdem erfüllt werden. Sie wird trotz derselben Verpflichtungen Zeit für sich, den Sport und Treffen mit Freundinnen finden oder Freiräume für die persönliche Weiterentwicklung schaffen. Die Rollen und Verpflichtungen sind dieselben. Was sich unterscheidet sind die persönlichen Werte. Die Frage ist, ob wir uns unserer Werte bewusst sind. Druck können wir als einen Wertekonflikt und zugleich als Einladung betrachten, über unsere Werte zu reflektieren und sie womöglich zu ändern und neu zu definieren. Dieselbe Entscheidungsfreiheit genießen wir auch im Umgang mit Druck. Wir können uns davon zunehmend erdrücken lassen oder wir können einsehen, dass uns nichts erdrücken kann, wenn wir es nicht selbst zulassen.

„Keine Form von Druck kann uns jemals erdrücken, ohne dass wir es selbst zulassen."

Wahrscheinlich fragst du dich, wie wir mit Druck so umgehen können, dass er uns nicht erdrückt und wir leichter mit ihm fertig werden. Wie du weißt, liegt der Ursprung des gefühlten Drucks in uns. Lass das einen Augenblick auf dich wirken und lies den vorherigen Satz nochmals durch. Die Erkenntnis und vor allem die *Bereitschaft*, die Ursache des Drucks nicht in anderen Menschen oder Situationen, sondern bei uns selbst zu suchen, ist eine wichtige Voraussetzung für den richtigen Umgang mit Druck. Es ist kein Geheimnis, dass in nächster Zeit die Lebensumstände, die wir als Druck empfinden können, nicht weniger werden.

Das ist nichts Neues, doch die hohe Informationsflut und Schnelllebigkeit der heutigen Zeit fordern uns heraus, besser mit Druck umzugehen. Es gibt drei unterschiedliche Punkte, die du womöglich bereits kennst.

In erster Linie ist es die *Neudefinierung des erlebten Drucks*. Wie würden die meisten Menschen Situationen, in denen sie ein gewisses Maß an Druck empfinden, beschreiben? Angenehm, unangenehm, leicht, schwer, willkommen oder mühsam? Wir sollten uns klarmachen, welche Attribute wir häufig verwenden, wenn wir über ähnliche Situationen nachdenken oder darüber sprechen. Belastender Druck wird fast immer als eine Störquelle gesehen, d.h. wir sprechen von einer negativen Erfahrung. Hier ist ein einleuchtendes Beispiel: Jana ist eine äußerst strebsame Studentin, die bei Prüfungen unter großer Nervosität leidet. Ihre schwachen Nerven ermöglichen es ihr selten, ihr Bestes abzurufen, wenn es wirklich darauf ankommt. Der enorme Leistungsdruck ist zu groß und sie bricht förmlich unter ihm zusammen. Jana betrachtet ihren Leistungsdruck als großes Hindernis und je mehr sie diese Schleife wiederholt, desto mehr brennt sich die negative Erfahrung des empfundenen Drucks in ihr Unterbewusstsein. Doch Jana hat eine Wahl. Wenn sie sich daran erinnert und die Ursache des Drucks in sich erkennt, kann sie die erfolgshemmende Erfahrung schrittweise umprogrammieren. Sicherlich möchtest du wissen, wie ihr das gelingt.

Ein positiveres Erlebnis mit Druck beginnt mit der wichtigen Frage, wie wir Druck und Situationen, die uns gefühlt unter Druck setzen, anders sehen können. In

Janas Fall könnte sie den Druck als ein Zeichen deuten, dass ihr sehr viel daran gelegen ist, ihr Bestes zu geben. Ebenso gut könnte sie den Druck als Hinweis wahrnehmen, dass sie ihren inneren Dialog positiver gestalten soll. In Janas Situation kann ihr der empfundene Druck auch als Erinnerung dienen, sich vermehrt auf das zu konzentrieren, was sie möchte anstatt das, was sie verhindern möchte. Indem wir Druck als einen *Hinweis* statt zermürbendes Problem sehen, ermöglichen wir uns, besser damit umzugehen. Wir können uns fragen, welche Situationen in unserem Leben ein Gefühl von Druck auslösen und uns bewusst machen, was wir bis jetzt für diesen Druck verantwortlich gemacht haben. Wie könnten wir den Druck sonst noch sehen, um ein zunehmend positiveres Erlebnis zu bewirken?

Eine Auszeit ist mehr als Urlaub

Wenn die meisten Menschen an eine Auszeit denken, verbinden sie sie automatisch mit Urlaub oder einer längeren Pause. Dabei übersehen sie, dass eine solche Auszeit zwar ihren Reiz und Richtigkeit hat, aber in der Regel viel zu unregelmäßig vorkommt, um dauerhafte Veränderungen im Umgang mit Druck zu bewirken. Wenn Urlaube und längere Auszeiten den inneren Druck auflösen könnten, würden nicht die meisten Urlaubsrückkehrer bereits Tage oder wenige Wochen nach Arbeits-, Studium- oder Schulbeginn erneut urlaubsreif sein. Offensichtlich können Urlaube die vielen Burnout-Fälle nicht verhindern. Und ebenso wenig verändern sie langanhaltend unseren Umgang mit Druck.

»Für den richtigen Umgang mit Druck braucht es mehr als Urlaube. Es bedingt regelmäßige Energiepausen.«

Du hast bereits von der Wichtigkeit von Pausen gehört. Und wie du wahrscheinlich weißt, ermöglichen uns kurze Pausen nach 50 bis 75 Minuten eine nicht nur nachweislich höhere Konzentration und Produktivität, sondern sie bilden das Fundament für den richtigen Umgang mit Druck. Wir können unglaublich viel Druck aushalten, doch der fehlende Abbau belastender Gefühle wird uns irgendwann zerdrücken. Wenn bedrückende oder belastende Situationen über einen längeren Zeitraum erlebt werden, ohne dass der innere Druck abgebaut wird, reichen auch vier Wochen Urlaub an den schönsten Stränden der Welt nicht aus, um langfristig eine Erleichterung zu erfahren.

Erst wenn wir auch im Alltag regelmäßig Druck abbauen, brauchen wir Urlaube nicht mehr als Auffangbecken, sondern können sie als willkommene Abwechslung und Bereicherung genießen. Viel zu viele Menschen verschwenden ihre ersten Urlaubstage mit dem Nachholen kurzer Nächte und verpassen energievolle Tage, weil Körper und Geist mit der Regeneration ihres alltäglichen Raubbaus beschäftigt sind. Wenn sie ihre Tage so strukturieren würden, dass regelmäßige Pausen einen festen Bestandteil haben, müsste all dies nicht sein. Regelmäßige Pausen sind wichtig und ebenso wichtig ist die richtige Pausengestaltung. Es gibt viele Möglichkeiten, wie wir regelmäßige Pausen bewusst dafür nutzen können, um Druck abzubauen und neue Energie zu befreien. Entspannungs- oder Dehnübungen sind ebenso geeignet wie Atemtechniken und das gezielte Loslassen bedrückender Gefühle. Darüber hinaus gibt es viele weitere Wege, um jeden Tag ein Gefühl von Urlaub in deinen Alltag zu bringen und Druck zu reduzieren. Dabei spielen insbesondere unsere innere Einstellung und unsere Gewohnheiten eine Schlüsselrolle. Es ist wichtig, dass wir uns Gedanken machen, wie wir das Gefühl von Druck jeden Tag gezielt verringern können.

Die Rolle der Emotionen

Belastender Druck geht mit einer stark subjektiv erlebten Sicht der Dinge einher. Mit anderen Worten hängt Druck eng mit den *Emotionen* zusammen, die wir einer Situation beimessen. Auf der Welt leben 8 Milliarden Menschen. In diesem Augenblick erleiden unzählige von ihnen einen solch enormen Druck, dass sie förmlich darunter zusammenbrechen. Wer sind diese Menschen? Menschen wie du und ich.

Doch solange sie für uns anonym bleiben und wir nicht direkt mit ihrem Leidensdruck tangiert werden, wird uns ihre Situation nicht auf dieselbe Weise belasten wie Umstände, in denen der Druck auf unseren eigenen Schultern lastet. Der Grund ist plausibel. Aufgrund der *fehlenden emotionalen Involvierung* erleben wir den Druck aus einer *objektiven* Sicht. Die Kunst besteht darin, die Objektivität auch beim Erleben persönlicher Situationen zu bewahren. Wenn uns das gelingt, empfinden wir den eigenen Druck wie im geschilderten Beispiel nicht mehr auf dieselbe Weise. Den Weg dorthin bilden unterschiedliche Reflexionsübungen:

- die Vorstellung, dass wir unsere Drucksituation aus der Vogelperspektive betrachten
- unsere Gedanken, Hoffnungen, Erfolge und Ziele regelmäßig handschriftlich festhalten
- tägliches Meditieren
- Entschleunigen und Beobachten, indem wir gegenwärtig sind

Entschleunigen bedeutet keineswegs, dass wir nicht länger 100 % geben, weniger erledigen oder bewirken. Unser Leben zu verlangsamen bringt uns vermehrt zurück in diesen Augenblick. Dadurch wird alles, was wir tun und erleben, aus der Warte der Objektivität betrachtet und gewinnt automatisch an Intensität, Effektivität und Vollkommenheit. Indem wir diesen Moment bewusst wahrnehmen, reduzieren wir das Volumen des erlebten Drucks und befreien unsere innere Stärke. Wenn wir im Hier und Jetzt leben, reagieren wir auf Druck nicht länger mit Gegendruck. Wir erlauben uns nicht länger vom Druck erdrückt zu werden. Stattdessen gewinnen wir die Oberhand, weil wir den tatsächlichen Ursprung des Drucks – der immer und nur in uns liegt – erkennen und mit der Wahrheit kontern: Nichts kann uns erdrücken, außer wenn wir es zulassen. Lass uns überlegen, welche Reflexionsübung wir nutzen könnten, um uns vom erlebten Druck zu befreien.

Zwei weitere Arten von Druck

In der Tat gibt es zwei besondere Arten von empfundenem Druck, die wir jetzt aufdecken. Und zwar der *innere Druck* und *Angst*. Was würde es dir bedeuten, auch diese beiden Gefühle zu meistern? Natürlich sind wir dazu imstande. Innerer Druck entsteht beinahe ausnahmslos durch eine schwierige Entscheidung, die wir fällen müssen und aufschieben. Die Ursache liegt in der *zu geringen Anzahl an erkannten, erwünschten Möglichkeiten* sowie einem unterschwelligen Grundgefühl, sich falsch zu entscheiden und dafür verurteilt zu werden. Stell dir Laura, eine Sportlerin vor, die leicht verletzt ist und mit ihrer Teilnahme am nächsten Wettkampf hadert. Sie sieht zwei Möglichkeiten: am Wettkampf teilnehmen oder auf die Teilnahme verzichten. Sie findet an beiden Möglichkeiten wenig Gefallen. Denn wenn sie an den Start geht, rechnet sie aufgrund ihrer Verletzung damit, nicht ihr Bestes abrufen zu können. Verzichtet sie auf ihre Teilnahme, glaubt sie, die Chance zu verpassen, trotz Verletzung gut abzuschneiden. Dieses Dilemma führt zu einem wachsenden, inneren Druck. Solange Laura nur diese beiden nicht zufriedenstellenden Möglichkeiten sieht, wird sie in diesem Zustand gefangen bleiben und muss sich zwangsweise irgendwann für eines der beiden Übel entscheiden. Was folgt ist sehr wichtig:

»Unter innerem Druck gefällte Entscheidungen können nicht das erhoffte Ergebnis bringen.«

Innerer Druck ist ein Gefühl und somit eine Schwingung (Energie). Die Energie, die wir beim Fällen einer Entscheidung haben, ist automatisch im Ergebnis enthalten. Wenn wir also eine Entscheidung mit einem schlechten Gefühl – wie z.B. innerer Druck – fällen, schaffen wir Umstände, die ähnliche Gefühle auslösen. Innerer Druck führt in solchen Momenten zu mehr innerem Druck bzw. vergleichbar unangenehmen Gefühlen. Zurück zu Laura: Das Problem ist nicht der innere Druck, sondern das fehlende Bewusstsein für Möglichkeiten, die ihr ein besseres Gefühl geben.

In Wirklichkeit gibt es keinen Mangel an Möglichkeiten. Wenn sie für uns nicht vorhanden zu sein scheinen, erlauben wir uns lediglich nicht, sie zu erkennen. Welche weiteren Möglichkeiten hat Laura abgesehen von einer Teilnahme oder Absage in ihrer Situation? Sie könnte am Wettkampf teilnehmen und akzeptieren, dass ihr Ergebnis womöglich deutlich unter ihrer Bestleistung liegt. Sie könnte den Wettkampf bewusst auslassen, um sich von ihrer Verletzung zu erholen und sich optimal auf den darauffolgenden Wettkampf vorzubereiten. Somit muss sie sich nicht länger für eine von nur zwei unerwünschten Möglichkeiten entscheiden, sondern sie kann eine von insgesamt vier Möglichkeiten wählen. Sicherlich beginnst du zu erkennen, dass dadurch auch der innere Druck nachlässt.

Ein anderes Beispiel ist die Zahlungsunfähigkeit, die sehr häufig einen inneren Druck auslöst, weil auch hier nur zwei wenig ermutigende Möglichkeiten erkannt werden: bezahlen oder nicht bezahlen. Bezahlen löst in einer solchen Situation oft die Angst, nicht genug zu haben, aus. Nicht zu bezahlen führt aufgrund der zu erwartenden Konsequenzen ebenfalls zu einem unguten Gefühl. Und schon wieder befinden wir uns in einem Dilemma. Die Unentschlossenheit raubt Energie und unseren Fokus, wodurch es uns immer schwerer fällt, produktive Lösungen zu erkennen. Erneut können wir diese Schleife und den damit verbundenen inneren Druck erst durch eine *größere Anzahl an Möglichkeiten* durchbrechen. In der Tat verhindert jedoch gerade innerer Druck, dass wir neue Möglichkeiten sehen. Wir haben es mit einem Blindpunkt zu tun. Es bedarf einer neuen Perspektive.

Im genannten Beispiel gibt es mindestens eine weitere Option: so viel zu zahlen, wie im Moment möglich ist. Welche weiteren erkennst du? Diese dritte Möglichkeit löst zwar nicht das Problem der finanziellen Engpässe, doch sie öffnet das Druckventil und führt zu einer gesteigerten *Handlungsfähigkeit*.

Zweifel trotz Möglichkeiten

Obwohl das Erkennen mehrerer Möglichkeiten den inneren Druck lindern kann, bedeutet dies nicht automatisch, dass wir mutige Handlungsschritte umsetzen. Sehr oft schleichen sich Zweifel ein und wir drehen uns im Kreis. Das Fundament für jede Entscheidung ist *Akzeptanz*. Wenn wir uns weder für A, B, C oder D entscheiden können, befinden wir uns buchstäblich in einem Zustand der Zerrissenheit. In der Tat verunmöglichen unterschiedliche Bedürfnisse und Verlangen in uns, dass wir uns für das eine oder andere entscheiden können. Ein Teil in uns möchte frei sein, der andere klammert sich an die Sicherheit. Ein Teil in uns liebt, während ein anderer zurückweist. Ein Teil in uns möchte wachsen, während ein anderer lieber an der Stabilität des Gewohnten festhält.

Es ist völlig normal, dass wir diese Gegensätze in uns spüren. Denn in Wirklichkeit sind sie gegensätzliche Pole derselben Sache. Solange wir jedoch den einen oder anderen Pol wegdrücken bzw. uns nicht erlauben, ihn auf Gefühlsebene zuzulassen, geraten wir in eine innere Widerstandshaltung, wodurch wir uns selber in eine missliche Lage bringen. Widerstand ist das pure Gegenteil von Akzeptanz und er ist die Ursache für unnötiges Leid.

Um in der Akzeptanz zu sein, dürfen wir uns erlauben, scheinbar widersprüchliches Verlangen in uns zu *fühlen*. Womöglich können wir uns nicht entscheiden, ob wir unsere Arbeitsstelle verlassen oder doch lieber angestellt bleiben sollen. Solange wir uns nicht für das eine oder andere entscheiden können, herrscht in unserem Beispiel in uns sowohl das Verlangen zu bleiben wie auch das Verlangen zu gehen. Diese Zerrissenheit hindert uns daran, die Situation zu akzeptieren und dann im nächsten Schritt zu verändern. Es geht also vorerst darum, alle Verlangen in uns zu würdigen, indem wir sie bewusst wahrnehmen. Eine bewährte Möglichkeit ist das folgende Fragespiel. Zur Veranschaulichung benutzen wir das oben erwähnte Beispiel der Arbeitsstelle. Die erste Frage lautet: „Könnte ich mir erlauben, meine Arbeitsstelle zu kündigen, so sehr wie ich es möchte?“ Die zweite Frage: „Könnte ich mir erlauben, meine Arbeitsstelle zu behalten, so sehr wie ich es möchte?”

Hier sind weitere Beispiele: „Könnte ich mir erlauben, diesen Menschen zu lieben, so sehr wie ich es tue?“ Die zweite Frage: „Könnte ich mir erlauben, diesen Menschen abzulehnen, so sehr wie ich es tue?” Auch für fehlende Akzeptanz können wir dieselben Fragen anwenden: „Könnte ich mir erlauben, diese Sache zu akzeptieren, so sehr wie ich es möchte?“ Die zweite Frage: „Könnte ich mir erlauben, gegen diese Sache Widerstand zu leisten und sie zu bekämpfen, so sehr wie ich es tue?”

Stress ist eine weitere Form von Widerstand und an weitaus mehr körperlichen und emotionalen Beschwerden beteiligt, als sich die meisten Menschen bewusst sind. Auch hier können wir uns fragen: „Könnte ich mir erlauben, mich gestresst zu fühlen, so sehr wie ich es tue?“ Die zweite Frage: „Könnte ich mir erlauben, mich innerlich ruhig zu fühlen, so sehr wie ich es möchte?”

Neben Stress verhindert auch Angst, dass wir unserem Herz folgen. Wenn Ängste vorhanden sind, können wir das Fragespiel wie folgt anwenden: „Könnte ich mir erlauben, mir Sorgen zu machen und Angst zu haben, so sehr wie ich es tue?“ Die zweite Frage: „Könnte ich mir erlauben zu vertrauen, so sehr wie ich es möchte?”

Die Wirkung entfaltet sich dadurch, dass wir so oft zwischen der ersten und zweiten Frage hin und her pendeln, bis sich eine gewisse Gelassenheit einstellt. Diese Gelassenheit widerspiegelt innere Akzeptanz, die sich beim ersten Hinfühlen ein wenig wie Gleichgültigkeit anfühlt, aber nicht damit gleichgesetzt werden kann. Gleichgültigkeit bedeutet Resignation, also das Unterdrücken von Gefühlen und Emotionen, was zu Zerrissenheit und Widerstand führt. Akzeptanz hingegen ist das widerstandslose Zulassen von Gefühlen und Emotionen. Durch sie können wir uns aus unserer Kraft heraus entscheiden.

Ein wichtiger Joker

Tatsächlich gibt es für jede Situation, in der wir inneren Druck empfinden, einen Joker, und zwar der Situation eine *neue Bedeutung* geben. Jede Bedeutung, die wir einer Sache, Situation, Erfahrung oder einem Menschen geben, kommt aufgrund eines unbewussten Vergleichs zustande. Hier sind einige Beispiele, um es zu verdeutlichen: Wenn wir ein Vorhaben als zu emotional riskant einstufen, vergleichen wir es unbewusst mit einer Erfahrung, die uns emotionale Schmerzen zugefügt hat. Eine als zu teuer angesehene Investition vergleichen wir unbewusst mit einer anderen Investition, die oft einen sehr schlechten Vergleich liefert. Wenn wir uns zu unsicher fühlen, um den nächsten Schritt zu wagen, stellen wir unbewusst einen Vergleich mit einem früheren Verlust, einer Enttäuschung, einem Rückschlag oder einer beliebigen negativen Erwartung an. Das Gefühl von Zeitmangel entsteht durch den Vergleich mit einer Sache, der wir ausreichend Zeit schenken. Die Überzeugung, nicht gut genug zu sein, widerspiegelt den unbewussten Vergleich mit persönlichen Standards und Erwartungshaltungen.

Alles ist relativ

Das Relativitätsgesetz besagt, dass ein Mensch, eine Sache, Situation oder Erfahrung nur im Vergleich zu einer anderen größer, besser, schöner, wohlhabender, erfahrener, usw. sein kann. Dinge miteinander zu vergleichen ist natürlich und wir sollten uns klar vor Augen führen, womit wir eine Situation vergleichen. Der Vergleich mit einer vergangenen, negativen Erfahrung verhindert, dass wir mutige Schritte in Richtung unserer Herzenswünsche wagen. Unser Unterbewusstsein funktioniert nämlich basierend auf Referenzmustern. Es vergleicht frühere Erfahrungen mit neuen Erfahrungen.

Wenn wir z.B. ein negatives Erlebnis mit einem Menschen hatten, der uns etwas verkaufen wollte, wird dies als Referenz für alle ähnlichen Verkaufssituationen herangezogen, selbst wenn es sich um eine neue und positive Erfahrung handelt bzw. die Situation nichts mit der vergangenen zu tun hat. Solche auf Vergleiche mit früheren Erlebnissen beruhenden Reaktionen verhindern, dass Menschen in sich investieren und eine Chance nutzen, die ihnen in Wirklichkeit Flügel verleihen würde. Der unbewusste Vergleich mit einer früheren, negativen Erfahrung bewirkt automatisch, dass sie auch der neuen (neutralen) Erfahrung eine negative Bedeutung geben.

Wenn wir eine neutrale oder positive Bedeutung anstatt einer negativen wählen, verändern wir dadurch die gesamte Ausgangssituation und erkennen die Wahrheit: Die Situation ist eine Reflexion unserer tiefsten inneren Überzeugungen, Erwartungen, Gedanken und Gefühle. Solange wir nur zwei unerwünschte Möglichkeiten sehen, hält uns Angst sehr häufig von einer Entscheidung ab und sorgt gleichzeitig für mehr Unentschlossenheit. Wie du bereits weißt, ist es sehr wichtig, dass wir immer aus unserer Kraft (Vertrauen) heraus handeln. Denn je handlungsfähiger wir uns fühlen, desto mehr gute Möglichkeiten sehen wir und können unsere Energie auf das Erkennen von Lösungen lenken. Lass uns aufschreiben, was uns im Moment bedrückt und uns dann fragen, welche weiteren möglichen Lösungen wir für diese Situation erkennen und befolgen könnten. Eine passende Anleitung findest du auf: https://lukastobler.com/druck-joker-anleitung

In den Klauen der Angst

Die zweite besondere Art von Druck ist *Angst*, insbesondere die Angst vor Erwartungen. In der Tat hat Angst viele Gesichter: Wut, Eifersucht, Rechthaberei, Beschuldigungen, Kritik, Ungeduld, Kontrollsucht, Hektik, Süchte, Perfektionismus, Mangeldenken, Ausreden, Widerstand. Angst äußert sich in jeder Form von negativen Gefühlen und Emotionen. Wir vertiefen nun anhand der Angst vor Erwartungen, wie dadurch Druck und andere negative Empfindungen entstehen können.

Wenn jemand direkt oder indirekt seine Erwartungen an uns kommuniziert oder wir lediglich glauben, dass eine gewisse Erwartungshaltung besteht, die wir zu erfüllen haben, kann das aufgrund des empfundenen Drucks sehr häufig zu einem automatischen Abwehrimpuls führen. Dieser kann sich sowohl durch offene oder verdeckte Wut und andere negative Emotionen zeigen. Insbesondere verdeckte Abwehrstrategien, die auch als passive Aggression bezeichnet werden, spielen angesichts von Erwartungen in der beruflichen und privaten Beziehungswelt eine sehr destruktive Rolle.

»Passiv-Aggressive werden schnell wütend, haben ihren Ärger aber sehr gut unter Kontrolle und zeigen ihn kaum.«

Der amerikanische Betriebswissenschaftler, Preston Ni, nennt in seinem Buch „How to Successfully Handle Passive-Aggressive People“ typisch passiv-aggressive Taktiken wie:

- Zynismus: als Pseudohumor in Form einer verletzenden Bemerkung und eines anschließenden Grinsens und Kommentars: „War nur Spaß!“
- Sich dumm stellen durch Fragen wie „Ach, hatten wir das wirklich besprochen?“, Verabredungen als Missverständnisse darstellen, Versprechungen aufschieben oder alles verhindern, was notwendig wäre, damit der andere einen Erfolg hat, sich freut oder zufrieden ist.

- Klatsch: Gerüchte verbreiten.

- Schweigen, um andere zu bestrafen oder ihnen ein Gefühl von Unsicherheit zu vermitteln.

- Die Schuld auf andere schieben, weil er ihn nicht mehr an einen Termin erinnert habe, weil er Dinge anders dargestellt habe oder weil ihm diese Sache oder die Betroffene selbst wohl nicht wichtig genug seien.

Passive Aggression zeigt sich auch häufig durch die Flucht in die Arbeit, Hobbies oder Süchte sowie das Mauern und Zurückziehen oder Distanzieren. Passiv-aggressive Klassiker in Beziehungen sind Aussagen wie „natürlich, wie du willst“ in Situationen, in denen offensichtlich ist, dass der Sprecher etwas anderes möchte. Oder auf die Frage, ob der andere sauer sei mit „nein, es ist nichts“ oder „es ist alles gut, ich denke nur nach“ antworten. Im passiv-aggressiven Modus werden also häufig widersprüchliche Signale eingesetzt.

In Verbindung mit der Angst vor Erwartungen sind aktive und vor allem passive Abwehrhaltungen deshalb so häufig, weil Menschen, die unter einem Erwartungsdruck leiden, Erwartungen als Vorschriften sehen und empfinden. Die Folge ist eine Trotzreaktion in Form einer Abwehrhaltung, die durch die innere und meist unbewusste Überzeugung, nicht Nein sagen zu dürfen ohne eine Zurückweisung erfahren zu müssen, ausgelöst wird.

Das Ergebnis einer Studie zeigte, dass gerade die extrem auf Harmonie bedachten Frauen und Männer besonders sensibel auf Zurückweisung reagierten – und zwar mit passiven Mitteln wie Mauern und Liebesentzug. Sie sind nicht der Typ, der auf den Tisch haut, einen leidenschaftlichen Streit vom Zaun bricht oder theatralisch Türen knallt. Stattdessen straften sie den Partner mit Schweigen, so das Fazit der Psychologin Ozlem Ayduk von der University of California in Berkeley.[11]

Die mit der Angst vor Erwartungen eng verknüpfte Angst vor Zurückweisung führt gerne zu einem Rückzug bzw. einer Distanzierung von der Situation oder von den beteiligten Menschen, denn es ist viel einfacher abzulehnen als den Schmerz einer Ablehnung ertragen zu müssen. Gleichzeitig löst dieses Verhalten sehr häufig Schuldgefühle aus, die sich rasch in Selbstzweifel, Unsicherheit oder noch mehr Angst verwandeln. Ein geringes Selbstwertgefühl sowie ein großes Bedürfnis nach Unabhängigkeit und Freiheit bzw. die Angst vor Abhängigkeit sind mitunter einer der Hauptgründe für den Erwartungsdruck, worunter so viele Menschen leiden. In diesem ohnmächtigen Zustand der Überforderung sehnen wir uns dann auf einmal wieder nach Nähe, bevor das Spiel von vorne beginnt.

Es ist offensichtlich, dass der falsche Umgang mit Angst (vor Erwartungen) nicht nur unseren Fortschritt verhindert und diverse Bereiche unseres Lebens in eine Schieflage versetzt, sondern unser Selbstvertrauen zerstören kann. Die richtige Taktik im Umgang mit Angst ist, sie zur Verbündeten zu machen. Wenn wir Angst haben, werden Gehirnareale aktiviert, die Flucht-Erstarren-oder-Kampf-Reaktionen auslösen. Früher wären wir vor einem bedrohlichen Angriff eines Raubtiers geflüchtet. Wenn diese Strategie nicht aufgegangen wäre, hätten wir alle unsere Kräfte für den Kampf mobilisiert oder uns tot gestellt. Heute haben sich die Umstände geändert. Statt eines Raubtiers werden wir mit einer Frist, Kritik, einer unerwarteten Rechnung, einer Absage oder Krankheit konfrontiert.

Die Fluchtreaktion zeichnet sich nicht länger durch buchstäbliches Wegrennen aus, sondern nimmt subtilere Formen an. Anstatt uns der Herausforderung zu stellen, schieben wir sie auf oder wir finden eine passende Ablenkung. Auch Kämpfen wird in unserem Leben wohl kaum zur Tagesordnung zählen. Und doch kämpfen wir alle viel zu oft mit Ängsten. Wie? Oft fühlen wir uns ohnmächtig und beinahe gelähmt. Viele Menschen erstarren dabei förmlich, ziehen sich zurück oder sabotieren sich selbst, indem sie ausrasten, ungeduldig sind, in die Rechthaberei verfallen, an sich zweifeln oder ihre Emotionen auf sonstige Weise nicht unter Kontrolle haben. Das sind einige der modernen Kampfarten des 21. Jahrhunderts, die uns versklaven. Der spirituelle Lehrer, Osho, fasst es wie folgt zusammen: „Wenn jemand anderes dich glücklich und unglücklich machen kann, bist du kein Meister, du bist nur ein Sklave. Der andere hat dich im Griff. Nur durch eine einzige Geste kann er dich unglücklich machen; lediglich durch ein kleines Lächeln kann er dich glücklich machen. Nur ein Meister seiner selbst kann die Angst überwinden.“[12]

Wenn wir in den Klauen der Angst stecken – und das ist mir, wie du in meinem Buch „Überwinde deine Grenzen“ nachlesen kannst, vor vielen Jahren so intensiv widerfahren, dass ich nicht mehr leben wollte –, sollten wir daher nicht vorschnell reagieren und uns fragen: „In welchem Verhältnis steht diese Angst zum Rest meines Lebens?” Auch hier gilt es also, uns den unbewussten, inneren Vergleich klar zu machen. Wenn wir zum Beispiel eine Präsentation halten müssen und vor lauter Nervosität nicht klar denken können, wenn wir Angst haben vor dem Fliegen und trotzdem nicht auf unseren Urlaub in Übersee verzichten möchten, wenn wir Angst haben, unsere Meinung zu sagen, aber im Innersten wissen, dass wir es tun müssen, um nicht länger zu leiden, dann sollten wir Perspektive gewinnen und uns aus dieser Angst herausheben.

Es gibt verschiedene Möglichkeiten, wie uns dies gelingt: Wir können uns vorstellen, dass wir die Situation aus der Vogelperspektive betrachten, meditieren oder Atemübungen machen.

»Angst löst eine Reihe von Stresshormonen wie Kortison und Adrenalin in unserem Körper aus, die uns förmlich aus der Bahn werfen.«

Zurück im Körper

Wir kommen zurück in den Körper, indem wir in zwei Schritten zum objektiven Beobachter werden: Im ersten Schritt nehmen wir die Angst zur Kenntnis: „Nun, da ist diese Situation, die Angst in mir auslöst. Ich befürchte, dass sie kein gutes Ende nehmen wird." Im zweiten Schritt gewinnen wir nun eine neue Perspektive: „Wie könnte ich die Situation noch sehen? Wie könnte sie sonst noch positiver ausgehen?" Eine sehr einfache und kraftvolle Übung, die wir bereits besprochen haben, ist die Vorstellung, dass wir unsere Situation aus dem Weltall betrachten. Stell es dir vor oder betrachte ein Bild von der Erde. Erlaube dir nun zu beobachten, wie sich diese Szene mit dir in der Hauptrolle abspielt. Nimm einen tiefen Atemzug und lasse es auf dich wirken.

Der schnellste Weg zur Überwindung der Angst ist also, in die Beobachterrolle zu schlüpfen und durch sie hindurchzugehen. Das ist oft leichter gesagt als getan. Wenig erstaunlich ist daher der häufigere Weg im Umgang mit der Angst: die *Vermeidung*. Nehmen wir an, jemand leidet an Höhenangst oder der Angst, vor Menschen zu sprechen. Wie könnte er diese beiden Ängste erfolgreich vermeiden? Richtig, er verzichtet darauf, auf hohe Berge oder Türme zu klettern und er sucht sich eine Aufgabe, bei der er nicht vor Menschen reden muss. Diese Strategie funktioniert wunderbar, sofern ihm das Erklimmen von Bergen und das Reden vor Menschen nicht wichtig sind. Aber die Angst bleibt dadurch weiterhin bestehen, weil er sie *unterdrückt*.

Unterdrückte Ängste haben eine unglaublich starke Kraft, die gerne unterschätzt wird und sich in Form von körperlichen und emotionalen Symptomen bemerkbar machen kann. Kein Problem, da hilft ein Schmerz-, Aufputsch- oder Beruhigungsmittel. Dass es sich hierbei um einen Teufelskreis handelt, müssen wir an dieser Stelle nicht weiter vertiefen. Aber es gibt eine weitere Komponente, die wir betrachten sollten, und zwar können wir, wie der Dalai Lama einmal sagte, nur durch das Verspüren von Angst Mut beweisen.

Schwächen zu Stärken machen

Was passiert, wenn jemand an Höhenangst oder der Angst, vor Menschen zu sprechen, leidet und ihm das Besteigen von Bergen und Sprechen vor Menschen etwas bedeutet oder es gar der nächste Schritt für seinen beruflichen oder persönlichen Durchbruch ist? Wie zufrieden ist er dann mit der Vermeidungsstrategie, wenn er spürt, dass er diese Sachen gerne tun würde, aber der Angst mehr Kraft gibt? Oder wie hilfreich ist das Vermeiden im Falle einer unerwarteten Herausforderung, die Angst in ihm auslöst? Jemand hält die niederschmetternden Laborresultate in seinen Händen, die Partnerin verlässt ihn unerwartet nach 30 Jahren Ehe, er geht gut gelaunt ins Büro und erfährt von seiner sofortigen Kündigung.

In solchen Situationen stellt uns das Vermeiden und Unterdrücken von Ängsten vor eine Wand. Der einzige Weg, der uns um diese Wand herumführt, ist, uns mit unseren Ängsten zu verbünden, indem wir sie zulassen und auf unsere Fähigkeit vertrauen, es zu schaffen. Wahrscheinlich liegt uns nicht der gesamte Weg zu Füßen, doch wir können in jeder Situation so viel Vertrauen aufbringen, dass uns das Leben einen Weg aufzeigen wird. Wenn alle Stricke reißen und wir vor lauter Angst nur noch schwarz sehen, bleibt uns nicht viel mehr übrig als zu vertrauen. Wir dürfen vertrauen, dass wir diese schwierige Phase unseres Lebens trotz Angst meistern werden. Wir dürfen darauf vertrauen, dass am Ende dieses dunklen Tunnels ein Licht auf uns wartet.

Stell dir vor, wir bereisen die Weltmeere auf einem großen Schiff. Was erwartet uns? Ruhige, klare und sonnige Passagen? Keine Frage! Tiefe, raue, unruhige, stürmische Abschnitte? Mit Sicherheit sollten wir uns auch darauf einstellen. Das Leben ist wie eine Reise durch die Weltmeere. Wechselnd durchlaufen wir ruhige, klare, sonnige Passagen und raue, unruhige, stürmische Abschnitte. Zurück zu unserer Kreuzfahrt: Frage dich, wie wir uns verhalten würden, wenn unsere Reise durch einen bedrohlichen, stürmischen Abschnitt führt. Womöglich hätten wir ein mulmiges Gefühl. Sehr wahrscheinlich wäre es uns lieber, wenn wir den Sturm umfahren könnten. Davon gehen wir aus. Aber unserem Wunsch wird nicht immer entsprochen. Und das wissen wir, zumindest im Falle einer Kreuzfahrt. Uns käme es sicherlich nicht in den Sinn, den Kapitän zu überreden, das Schiff anzuhalten. Wahrscheinlich würden wir weder ausrasten noch uns bemitleiden, weil wir uns in diesem Unwetter befinden. Und natürlich würden wir uns nicht einreden, dass wir zu schwach sind, um aus diesem Sturm jemals wieder herauszukommen. Was würden wir tun? Womöglich würden wir mit der Übelkeit kämpfen, vielleicht wünschten wir uns, dass der Sturm bald vorbeizieht. Wahrscheinlich kämen wir an die Grenzen unserer Komfortzone, aber wir würden nichtsdestotrotz darauf vertrauen, dass der Sturm vorbeiziehen wird und wir ihn überstehen werden. Wir würden den Sturm und den unruhigen Abschnitt akzeptieren, auch wenn er unangenehm und unerwünscht ist.

Ängste sind wie unruhige, stürmische und bedrohliche Abschnitte auf unserer Lebensreise. Sie gehören dazu, aber es liegt in unserer Macht, wie wir damit umgehen. Wenn wir sie vermeiden oder unterdrücken, verhalten wir uns in etwa gleich, wie wenn wir wegen der hohen Wellen und den stürmischen Bedingungen aufhören zu schwimmen oder noch schlimmer, unsere Kräfte mit Schreien und panischen Bewegungen aufbrauchen. Die Kraft, die uns weiterbringt liegt erstens in der *Akzeptanz der Situation* und zweitens im Weiterschwimmen, also dem *Vertrauen auf unsere Fähigkeit*, dass wir es schaffen werden.

Höhen und Tiefen, Stürme und Schönwetterphasen gehören zum Leben. Es ist niemals das Ziel, alle Ängste loszuwerden, bevor wir uns auf die Reise begeben. Angst kann uns zum Aufgeben bewegen, so wie sie uns ebenso gut anspornen kann weiterzugehen. Es ist eine Frage unserer Perspektive. Positive, mitfühlende Menschen, mit denen wir offen und urteilsfrei über unsere Ängste sprechen können, die uns anfeuern und an uns glauben, können wesentlich dazu beitragen.

Wir dürfen Perspektive gewinnen, uns mit unseren Ängsten verbünden und auf unsere Fähigkeit, es zu schaffen, vertrauen!

Kapitel 5

Kapituliere und vertraue

»Kapitulieren bedeutet keineswegs die Hoffnung zu verlieren und aufzugeben, sondern uns in den Fluss des Lebens zu begeben im VERTRAUEN, dass uns die Strömung sicher ans Ziel bringt.«

Die Fähigkeit zu vertrauen

Die Kehrseite von Angst ist *Selbstvertrauen*. Wir sind weitaus mehr als wir denken und zu viel mehr befähigt, als sich die meisten Menschen einreden. Ohne Vertrauen aber werden wir weder das Risiko eingehen, uns verletzlich zu zeigen, noch die Bereitschaft zeigen, neue Wege zu gehen. Beides ist nötig, um unsere Großartigkeit immer mehr zum Ausdruck zu bringen und unserem Herz zu folgen. Wie dir sicherlich bewusst ist, herrscht die gängige Meinung, dass wir Selbstvertrauen haben oder nicht haben. Zum Glück entspricht das nicht der Wahrheit. Unser Selbstvertrauen können wir einfach entwickeln, wenn wir einige Schritte beachten.

Was bedeutet Selbstvertrauen? Die Frage ist, ob wir diesen Zustand für uns beschreiben können oder ob es sich um ein ungreifbares Ideal handelt. Hier liegt ein Hauptproblem: Anstatt klar zu definieren, was Selbstvertrauen für uns selbst bedeutet, belassen es die meisten Menschen bei einer unklaren Vorstellung, von der sie zwar gerne mehr hätten, aber nicht wissen, wie sie sie bekommen. Wenn wir hingegen eine klare Vorstellung haben, kennen wir unser Ziel und können uns immer mehr der Schritte bewusst werden, um es zu erreichen. Wir können unsere Gedanken, Gefühle und Handlungen korrigieren, Verhaltensweisen und Angewohnheiten weglassen, wieder aufgreifen oder neu beginnen.

Selbstvertrauen enthüllt

Selbstvertrauen umfasst unser Selbstwertgefühl und das Selbstbewusstsein. Selbstvertrauen wird im Duden als „das Überzeugtsein von seinen Fähigkeiten, von seinem Wert als Person, das sich besonders in selbstsicherem Auftreten ausdrückt" definiert. Darum sollten wir uns fragen, was ein Mensch so selbstsicher macht und Selbstvertrauen so konkret wie möglich für uns definieren. Mit diesem inneren Bild geben wir die Richtung vor, um immer mehr Vertrauen in uns zu entwickeln.

Unser Selbstvertrauen ist direkt gekoppelt an die Art und Weise, wie wir uns selbst umsorgen. Wenn wir unsere eigenen Bedürfnisse nicht ernst nehmen, wenn unser Körper oder das Leben nicht unseren Vorstellungen entspricht, entsteht eine tiefe Kluft. Ohne Gegensteuern droht unser Selbstvertrauen immer mehr in diese Schlucht abzurutschen. Halte einen Augenblick inne und lass die folgenden Fragen auf dich wirken, denn sie erinnern uns, wie fürsorglich wir mit uns selbst umgehen.

Ernähren wir uns so, wie wir es im Innersten möchten? Können wir auf gewisse Dinge nicht verzichten, obwohl wir wissen, dass sie uns nicht gut tun? Wie würden wir uns fühlen, wenn wir unsere Ernährung nach und nach so optimieren, dass sie unserer besten Vorstellung entspricht? Gönnen wir uns jeden Tag genug Schlaf? Oder reden wir uns ein, dass wir mit wenig Schlaf bestens auskommen und Schlaf überbewertet wird? Wie sehen es unsere Mitmenschen? Sicherlich weißt du, dass unser Selbstvertrauen bei chronischem Schlafmangel merklich abnimmt und wir unbewusst beginnen, diesen Mangel an Vertrauen durch Angst und Unruhe zu kompensieren, weil das Leben jedes Vakuum füllt.

Ein weiterer Akt der Selbstfürsorge sind Umarmungen. In einem Artikel von Psychology Today wurde veröffentlicht, wie das Verschränken der Arme in einer Umarmung über die Mittellinie unseres Körpers unser Gehirn und unsere Schmerzrezeptoren verwirrt und auf natürliche Weise Schmerzen lindert. Andere Menschen und sich selbst zu umarmen, indem wir unsere Arme um uns legen, sendet die starke Botschaft, „Ich liebe dich und du bist in Ordnung“, an unseren Körper und unser Gehirn. Die Psychotherapeutin, Virginia Satir, machte die berühmte Aussage: „Wir brauchen 4 Umarmungen pro Tag zum Überleben. 8 Umarmungen pro Tag zum Leben. Und wir brauchen 12 Umarmungen pro Tag zum Wachsen.“[13]

Bewegend zu mehr Selbstvertrauen

Auch ausreichende Bewegung ist wesentlich verantwortlich für unser Körpergefühl und indirekt für unser Selbstvertrauen. Wir sollten ehrlich sein, ob wir uns so oft und regelmäßig bewegen, wie wir es uns vornehmen oder lieber Ausreden finden oder fehlende Zeit oder den überfüllten Terminkalender für zu wenig Bewegung verantwortlich machen. Es ist wichtig, dass wir körperliche Aktivitäten fest in unserem Terminkalender einplanen und befolgen. Den faszinierenden Nutzen der regelmäßigen Bewegung haben wir im zweiten

Kapitel im Zusammenhang mit der Warum-Liste bereits besprochen. Die folgenden Schritte erleichtern uns die praktische Umsetzung:

- langsam beginnen und langfristig planen, denn der Nutzen macht sich oft erst nach ca. 2 Monaten bemerkbar.
- vorzeitige Planung der regelmäßigen Bewegung als Fixtermin: Datum, Zeit, Dauer
- wenn möglich, die beste Tageszeit (sehr individuell und abhängig vom Energielevel) für die Bewegung wählen.
- lieber täglich 10 Min. bewegen, wenn die Empfehlung (3 - 5 Mal 30 Min. intensives Training pro Woche) trotz Bemühungen nicht befolgt werden kann!
- bei bestehender, regelmäßiger Bewegung die nächste Ebene angehen (schneller, schwerer, komplexer, anspruchsvoller).
- bei Unterbrechungen oder Verhinderungen die regelmäßige Bewegung sofort wieder aufnehmen, um in der Gewohnheit zu bleiben.

Die Haltung, Mimik und Atmung

Das Selbstvertrauen wird nicht nur durch die regelmäßige Bewegung beeinflusst, auch die körperliche Haltung, Gesichtsausdrücke und die Atmung sind wesentlich daran beteiligt. Sehr wahrscheinlich wurdest auch du schon einmal daran erinnert, deine Haltung zu korrigieren. Wenn es nicht die Eltern waren, dann womöglich ein Physiotherapeut, Sportlehrer oder

Kursleiter. Die Haltung ist enorm wichtig. In der Tat hat sie eine direkte Auswirkung auf unseren Hormonhaushalt. Die Sozialpsychologin Amy Cuddy teilt in ihrem TedTalk, dass das Einnehmen von „Macht-Posen“ – eine selbstbewusste Haltung einnehmen, auch wenn wir uns nicht selbstbewusst fühlen – Selbstbewusstsein hervorruft und vielleicht sogar Einfluss auf unsere Erfolgschancen hat. Versuche es selbst, indem du dich für 30 Sekunden lang breitbeinig aufrecht (Brust raus, Schultern nach hinten) hinstellst und deine Arme in deine Hüften stemmst.

Vorübergehend können wir eine solche Haltung jederzeit einnehmen, doch was passiert danach? Für sehr viele Menschen bedeutet eine aufrechte Haltung buchstäblich eine große Anstrengung, die sie nur vorübergehend einnehmen können. Sobald sie abgelenkt sind, fallen sie erneut in eine Beugehaltung. Die Ursache finden wir in der Verspannung und Verkürzung bestimmter Muskelgruppen. Wir können es uns so vorstellen, als würden wir ein schweres Gewicht um den Hals tragen. Nach einer gewissen Weile beginnen wir der Last nachzugeben, indem wir uns nach vorne neigen (gekrümmte Wirbelsäule). Solange die verantwortlichen Muskeln nicht durch die richtigen Übungen regelmäßig gedehnt werden, kann dieser Zug dauerhaft fortbestehen. Die Folge ist eine „Ohnmacht-Pose“, die sich durch nach vorne gerichtete Schultern in Verbindung mit einem (leichten) Rundrücken bemerkbar macht.

Durch die Beobachtung solcher Haltungen können wir uns leicht vorstellen, dass diese Menschen eine schwere Last auf ihren Schultern tragen. Frage dich, wie viel Vertrauen jemand in seine Fähigkeiten und das Leben haben kann, wenn er jeden Tag mit dieser Last zu kämpfen hat. Offensichtlich schmälert es das Selbstvertrauen.

Die Einflüsse der Mimik

Unsere Mimik ist kraftvoll. Sie beeinflusst wie die Haltung unser Empfinden und kann uns sowohl ein Gefühl von Unsicherheit als auch Vertrauen geben. Es gibt einige sehr interessante Untersuchungen, die die Auswirkungen von Gesichtsausdrücken erforscht haben. Bei einer sehr bekannten Studie wurden Probanden eingeladen, eine Reihe von Zeichentrickfilmen zu schauen, um im Nachhinein zu beurteilen, wie lustig sie sie fanden. Die Teilnehmer wurden in zwei Gruppen unterteilt. Beide mussten einen Flipchart-Marker in den Mund nehmen. Die eine Hälfte biss mit den hinteren Zähnen drauf und die andere Hälfte hielt ihn zwischen ihren zusammengepressten Lippen fest. Das Ergebnis war verblüffend: die erste Gruppe fand die Zeichentrickfilme lustiger als die zwei Gruppe, denn durch das Festhalten mit ihren Zähnen wurde ohne ihr Wissen ein Lächeln simuliert. Die anderen Probanden hingegen erzeugten durch das Festhalten mit ihren Lippen unwissend einen finsteren Blick. Diese und andere Studien verdeutlichen, dass einzig das Einnehmen einer „Macht-Pose“ oder zufriedene Gesichtsausdrücke das Wohlbefinden steigern können.

Die richtige Atmung

Auch die Atmung spielt eine wesentliche Rolle für unser Selbstvertrauen. Denn oberflächliches und falsches Atmen trennt uns von der Lebensquelle. Stopp! Nimm einen tiefen Atemzug. Einatmen. Kurz halten. Ausatmen.

Die meisten Menschen haben sich eine falsche Atmung angewöhnt: Sie atmen zu kurz und zu flach und heben und senken dabei lediglich den Brustkorb. Das Problem daran: Bei der sogenannten Brustatmung nehmen wir zu wenig frische Luft auf, es gelangt zu wenig Sauerstoff ins Blut. Die Folgen spüren wir am ganzen Körper. Die mangelnde Sauerstoffversorgung der Organe kann zu einer ganzen Reihe von Problemen wie Konzentrationsschwäche, Kopfschmerzen, Magen-Darm-Beschwerden und Müdigkeit führen. Wenn eine Unterversorgung zum Dauerzustand wird, versucht der Körper dies auszugleichen, indem die Herzfrequenz und die Anzahl roter Blutkörper erhöht wird. Das dadurch verdickte Blut und die Verengung der Gefäße in den Lungenbläschen mit der Folge eines höheren Lungendrucks führen zu einer Mehrbelastung des Herzens. Doch woran liegt es, dass wir nicht tief genug atmen? Einerseits spielen Stress und Ängste eine große Rolle. Wenn wir unter Anspannung stehen, verändert sich die Atemfrequenz, um uns flucht- und kampfbereit zu machen. Andererseits verhindern enge Kleidung, eine verkrampfte Körperhaltung und unser Schönheitsideal eine gesunde Bauchatmung. Und die funktioniert so: Beim Einatmen schiebt sich das Zwerchfell – unser wichtigster Atemmuskel – in den

Bauchraum. Der Bauch wölbt sich nach außen, Sauerstoff strömt bis in die Leistengegend. Die Vorstellung, den Bauch zu entspannen, damit dieser beim Atmen sichtbar nach außen tritt, kommt vielen unnatürlich vor. Schließlich wollen wir doch jederzeit möglichst schlank aussehen! Doch wenn wir unseren Körper optimal mit Sauerstoff versorgen möchten, sollten wir solche falschen Glaubenssätze hinter uns lassen und den Atem einfach fließen lassen. Durch die tiefe Bauchatmung gelangen pro Minute 50 bis 75 Liter Luft in den Körper. Eine flache Atmung hingegen schafft nur sieben bis zehn Liter.[14]

Sauerstoff fördert die Fließeigenschaft des Blutes, stärkt die körpereigene Abwehr und wirkt durch die Verbesserung zellulärer Stoffwechselleistungen zusätzlich wie ein natürliches Anti-Aging-Mittel. Eine Erhöhung der Sauerstoffkonzentration in den Zellen bewirkt somit eine Regeneration der Zellen und dadurch eine Verjüngung des Organismus und der Haut. Solche Informationen bringen uns nichts, wenn wir sie nicht in die Praxis umsetzen. Darum setz dich jetzt hin und nimm fünf tiefe Atemzüge in deinen Bauch. Ein durch die Nase. Die Bauchdecke wölbt sich nach außen. Die Luft drei Sekunden entspannt anhalten. Aus durch den Mund. Die Bauchdecke senkt sich.

Der Blick nach innen

Ob Buddhisten, Hindus oder Anhänger des Daoismus: Seit Jahrtausenden meditieren Menschen aus verschiedenen Kulturen. Losgelöst von religiösen Konzepten geht es dabei im Grundsatz immer um das

Gleiche. Während der Meditation richten wir den Blick nach innen, nehmen bewusster wahr und lassen den Gedankenstrom zur Ruhe kommen. Um dieses Ziel zu erreichen, konzentrieren wir uns auf die Atmung. Als einfache Atemübung während der Meditation genügt es, den eigenen Atemfluss zu beobachten: Einatmen. Atempause. Ausatmen. Atempause und so weiter. Schon allein dadurch wird die Atmung tiefer und ruhiger.

Der Blick nach innen bringt uns in Berührung mit unserem Ursprung. Diese Verbindung ermöglicht uns in der Akzeptanz zu sein und das Selbstvertrauen immer stärker zu erleben. In Wirklichkeit ist jeder Mensch äußerst erfolgreich, aber viele erkennen und feiern ihre Erfolge nicht, weil sie glauben, dass ein Erfolg unter 100 Misserfolgen nicht der Rede wert sei oder schlimmer noch, dass sie es als Mensch nicht wert seien.

Dabei ist jeder Erfolg in sich, unabhängig wie groß er sein mag oder wie viele Fehlversuche ihm vorangegangen sind, ein Triumpf. Wir sind alle des Erfolges würdig. Es ist nur eine Frage der Gewichtung und des Blickwinkels. Wir können uns auf die vielen Dinge konzentrieren, die uns im Vergleich mit irgendwelchen Erwartungen, Normen oder Meinungen anderer nicht gelungen sind, alle Projekte, die wir nicht fertiggestellt haben und all das, was wir nicht können. Wir können aber ebenso gut beginnen, uns auf die Dinge zu konzentrieren, die uns gelungen sind, alle Projekte, die wir erfolgreich fertiggestellt haben und all das, was wir können. Ein Erfolg muss nicht immer etwas Großes sein.

Erfolge verstecken sich auch hinter vielen Dingen, die wir täglich tun, benutzen oder als selbstverständlich voraussetzen. Die Wahrheit lautet, Erfolg ist jetzt vorhanden. Lass uns daher *jeden* Erfolg feiern und unser Selbstvertrauen wird mit jeder Feier zunehmen, weil wir immer mehr erkennen, wie viel wir bereits erreicht haben in unserem Leben und wie viel unermessliche Großartigkeit sich in uns befindet.

Eine kraftvolle Vertrauens-Schleife

Wenn wir Vertrauen in unsere Fähigkeiten haben und an unsere Ziele und Vision glauben, genießen wir immense Vorteile. Mehr noch ist das Vertrauen in die eigenen Fähigkeiten, seine Mitmenschen und das Leben ein entscheidender Schachzug für den persönlichen Erfolg. Die einengende Auswirkung des fehlenden Vertrauens hingegen führt in vielen Fällen zu großen Einschränkungen. Dinge werden aufgeschoben, Vorhaben ausgeredet und Träume begraben. Wie wir aufgedeckt haben, ist Vertrauen einer der wichtigsten Grundsteine für die persönliche Entwicklung. Wenn uns das Vertrauen fehlt, wird jeder Schritt zur Tortur, weil wir befürchten müssen, in die Abgrundtiefen des Lebens zu stürzen. Das Vertrauen wurde uns in die Wiege gelegt, aber viele haben es im Laufe ihrer Entwicklung vergessen. Der Samen steckt immer noch in uns, doch kultivieren dürfen wir ihn selbst.

"Vertrauen in unsere Fähigkeiten, Mitmenschen und das Leben formt die Bereitschaft, die nötigen Risiken einzuge-

hen und ungehindert unsere Vision zu verwirklichen. Es ist das Sicherheitsnetz unter dem Hochseil des Lebens. “

Wie können wir das Vertrauen wiederentdecken? Indem wir eine wichtige Schleife beachten. In der Psychologie wird sie als *Vertrauen-Kompetenz-Schleife* bezeichnet. Sie beschreibt nichts weiter als die Korrelation zwischen Vertrauen und Kompetenz oder anders ausgedrückt, wie wichtig die Steigerung unserer Fähigkeiten für das Vertrauen ist. Denken wir zurück, als wir zum ersten Mal am Lenkrad saßen. Die theoretische Ausbildung hat uns etwas Sicherheit gebracht, aber abgesehen davon hat unsere Fahrpraxis bei weitem kein Gefühl von Kontrolle in uns ausgelöst. Entsprechend gering war unser Vertrauen in die eigenen Fahrfähigkeiten. Was geschah dann? Haben wir in der Zeit zwischen unseren Fahrlektionen aktiv Zeit damit verbracht, unser Vertrauen zu steigern? Sehr wahrscheinlich nicht. Stattdessen haben wir weitere Fahrlektionen genommen und mit einem mehr oder weniger entspannten und begeisterten Elternteil auf dem Beifahrersitz zusätzliche Ausfahrten gemacht.

Kommen wir zurück zur Vertrauen-Kompetenz-Schleife. Offensichtlich haben wir uns primär nur einer Seite gewidmet: Der Steigerung unserer Kompetenz. Interessanterweise stieg mit unserer wachsenden Fahrpraxis aber auch automatisch unser Vertrauen. Und wie sieht es heute aus? Die meisten von uns zählen Autofahren zu den einfachen Dingen im Leben. In der

Tat haben die meisten Menschen so viel Vertrauen gewonnen, dass sie ihre eigene Kompetenz überschätzen und Dinge am Steuer machen, die für sie und andere Menschen lebensgefährlich sind. Wie du siehst, wächst das Vertrauen durch die Steigerung der eigenen Fähigkeiten proportional mit. Diese Beobachtung ist nicht erstaunlich. Und doch vernachlässigen wir diese Schleife oft in anderen Lebensbereichen.

Wenn das Vertrauen fehlt

Denken wir an eine Sache, bei der uns das Vertrauen in unsere Fähigkeiten fehlt oder gering ist. Womöglich möchten wir eine Fremdsprache lernen, eine neue Sportart ausüben, unsere Kommunikation verbessern oder in eine verantwortungsvollere Position schlüpfen. Es ist wichtig zu erkennen, inwiefern uns mangelndes Vertrauen gehindert hat, gezielte Fortschritte zu erzielen. In der Tat haben die meisten Menschen Ausreden gefunden, die Sache aufgeschoben oder sind aus anderen Gründen nicht in die Handlung gegangen.

Vielleicht gibt es auch in dir eine Stimme oder ein Gefühl, die behauptet, dass du noch nicht gut genug bist, weil du zuerst etwas Erfahrung sammeln müsstest. Unbewusst ist uns die Verbindung zwischen unseren Fähigkeiten und dem Selbstvertrauen bewusst. In der Praxis machen wir aber selten bewusst Gebrauch davon. Wir sollten uns also fragen, wie wir unsere Kompetenzen erhöhen können. Einfach ins Handeln kommen ist eine Möglichkeit, doch wie wir gleich sehen werden, nur bedingt effektiv. Denn Statistiken zeigen, dass erfahrene Berufsleute, die folglich mehr Vertrauen in ihre Fähigkeiten haben, nicht automatisch besser sind wie Neulinge. Verblüffend, nicht wahr?

Die Erklärung liegt darin, dass die Steigerung der Kompetenz nach absehbarer Zeit in den meisten Fällen ein Plateau erreicht. Die Schule ist ein gutes Beispiel dafür. Nach Abschluss der Pflichtschuljahre bilden sich Menschen mit wenigen Ausnahmen meist nur fachspezifisch fort. Lebenswichtige Fähigkeiten wie die Kommunikation, die Einflussnahme, die Entwicklung unseres Charakters oder die Erweiterung unseres Bewusstseins genießen dabei wenig Aufmerksamkeit. Nur rund 2 % der Weltbevölkerung bilden sich nach Schätzungen auch nach der Schulzeit gezielt in ihrer Persönlichkeit weiter.

Im Sport verhält es sich gleich. Durch das einfache, regelmäßige Tennisspiel erreicht eine Sportlerin anfänglich eine sichtbare Steigerung ihrer Fähigkeiten. Aber ohne gezieltes Training stagniert sie bald und unterscheidet sich nicht wesentlich von weniger erfahrenen Spielern. Es ist kein Geheimnis, dass mit ihrer Stagnation der schleichende Rückschritt beginnt. Viele Menschen bezweifeln das, weil sie die messbare Steigerung der Kompetenz als weniger komplex betrachten als sie in Wirklichkeit ist.

❞Die Steigerung unserer Fähigkeiten führt automatisch zu mehr Vertrauen. Viele übersehen, dass wir unsere Kompetenzen aber nur durch gezieltes Üben

über das anfängliche Plateau hinaus entwickeln können.“

Im Leistungssport ist diese Tatsache allgemein bekannt. Anhand des Techniktrainings wird dies besonders klar. Heute können die Abläufe dank Kameras nahtlos aufgezeichnet und Verbesserungspotenziale bewusst erkannt werden. Wenn ein Sprinter den Startblock nicht so explosiv und schnell verlässt wie nötig, wird ihn sein Trainer in der Folge gezielt Starts üben lassen. Andere Sportler haben Mühe mit bestimmten Abfolgen und beschäftigen sich bewusst mit den Teilelementen ihrer Sportart. Diese Vorgehensweise ermöglicht ihnen, ihre Kompetenz überdurchschnittlich zu steigern. Auch Nicht-Leistungssportler können diese Strategie gezielt nutzen, um ihre Fähigkeiten und zugleich ihr Vertrauen auf die nächste Ebene zu bringen.

Dabei ist wichtig, dass wir Zeitblöcke einplanen, die gezielt für die Entwicklung unserer Fähigkeiten bestimmt sind und wir langfristig planen und nicht zu früh aufgeben. Denn die Steigerung der Kompetenz setzt die regelmäßige Wiederholung voraus. Ebenso wichtig ist das *bewusste* Üben. Bruce Lee soll einmal treffend gesagt haben: „Ich fürchte nicht denjenigen, der 10.000 Kicks einmal übte, sondern ich fürchte den, der einen Kick 10.000 Mal übte.“ Einer der Gründe für die rasche Stagnation der Lernkurve ist die fehlende Konzentration bzw. das Multitasking (auch in gedanklicher Form) während einer Übungseinheit. Und schließlich dürfen wir uns mit der Tatsache anfreunden, dass Lernen ein lebenslanger Prozess ist. Daher ist es wichtig uns Gedanken zu machen, wo wir die Vertrauen-Kompetenz-Schleife in unserem Leben bereits unbewusst angewandt haben. Und dann lass uns fragen, wie wir sie gezielt und bewusst für die Entwicklung unseres Selbstvertrauens nutzen könnten.

Selbstvertrauen aufbauen

Unser Selbstvertrauen steht in einer ständigen Wechselwirkung mit unserem Selbstwert, also dem Wert, den wir uns bewusst und unbewusst geben. Jeder Mensch ist in Wirklichkeit unendlich wertvoll, doch in den ersten sieben Lebensjahren wurde unser Unterbewusstsein durch die Sichtweisen, Meinungen, Worte, Verhaltensweisen und Überzeugungen unseres Umfeldes programmiert. Diese Programme laufen so lange weiter, bis wir sie bewusst überschreiben, was nur wenige Menschen mit der nötigen Konsequenz und Regelmäßigkeit tun. Stattdessen haben sie viele gute Absichten, die sie allzu oft nicht umsetzen, weil sie unbewusst glauben „Ich bin es nicht wert, ich genüge nicht, ich bin nicht vollkommen". Das geht auf das Konto ihres Selbstvertrauens.

Denn die Basis des Selbstvertrauens bildet das Vertrauen in die eigene Verlässlichkeit bei der Umsetzung unserer Vorhaben. Jedes Mal, wenn wir Vorhaben nicht wie geplant umsetzen, begehen wir einen Vertrauensbruch mit uns selbst, weil wir unser Wort nicht halten, wodurch das Selbstvertrauen schwindet. In solchen Situationen machen wir uns gerne Selbstvorwürfe oder finden glaubwürdige Ausreden und Erklärungen, um die Enttäuschung zu unterdrücken. Ohne Gegensteuern führt das Schwinden des Selbstvertrauens zu einer gleichwertigen Abnahme des Selbstwertes. Lass das einen Augenblick auf dich wirken und lies diesen Absatz nochmals aufmerksam durch. Wenn das Selbstvertrauen und der Selbstwert schwinden, schaffen wir automatisch Raum für Ängste und Zweifel. Insbesondere die Angst, dass wir unsere Vorhaben nicht wie geplant umsetzen, führt zu einer bekannten Schutzhaltung: Dem Vorwand, dass wir nicht wissen, was wir wollen und dass wir zufrieden mit unserer jetzigen Situation sind. Der folgende Austausch mit einer Bekannten verdeutlicht, wie subtil sich diese Dynamik abspielen kann.

Ich fragte sie, wie ihre nächste Ebene aussehe und sie antwortete: „Grenzen setzen.“ Sie erklärte mir, dass es ihr schwerfalle, Grenzen zu setzen, weil sie zu nett für diese Welt sei, einen Sprachfehler habe und nicht nein sagen könne. Weiter erwähnte sie, dass sie ihre eigenen Grenzen nicht genug kenne und sie daher wahrscheinlich nicht deutlich genug kommuniziere. Und schließlich kam sie zum Schluss, dass es viel mehr um die Selbstliebe und das Selbstvertrauen gehe, sie aber im Moment nicht in diese Themen eintauchen möchte, weil es ins Eingemachte gehen würde. Ich bejahte: „Na, dann ist ja alles gut.“ Ihre Antwort war wenig erstaunlich: „Ich weiß nicht. Ich glaube, wenn ich ehrlich bin, verdränge ich es und schaue es mir nicht an. Es kommt ja immer wieder. Im Grunde mache ich mir etwas vor.“ Sie hat recht.

Eine wichtige Erklärung meiner Bekannten war die fehlende Kenntnis ihrer Grenzen. Mit anderen Worten „Ich weiß nicht, was ich möchte.“ Dadurch gibt sie ihren Erklärungen und letztlich der Angst, keine Grenzen setzen zu können, mehr Macht als dem Vertrauen in sich. In Wirklichkeit kennt sie ihre Grenzen, denn sonst wäre sie sich keiner Grenzüberschreitung bewusst, doch es ist weitaus erträglicher für sie, mit ihrer Unzufriedenheit zu leben als sich der Angst zu stellen, nicht imstande zu sein Grenzen zu setzen. Die Wahrheit ist: Grenzen setzen braucht Mut und ohne Selbstvertrauen werden wir den Schritt nicht wagen, unsere Gefühle und Bedürfnisse offen zum Ausdruck zu bringen. Meine Bekannte glaubt, dass sich durch klare Grenzen vieles für sie verändern würde, wie sie selber sagte: keine Hautreaktionen mehr und die Aussicht, dass sie ihr Umfeld anders behandeln und für (wert)voll betrachten würde. Doch für sie wird sich nichts verändern, bis sie den Nutzen, den ihr klare Grenzen bringen, mehr möchte als das Verhindern der Konsequenzen einer Veränderung bzw. den (sekundären) Gewinn durch das fehlende Kommunizieren ihrer Grenzen.

Auch erwünschte Veränderungen gehen immer mit einem Kontrollverlust einher. Die Ausreden „Ich weiß nicht“ und „Es ist okay, wie es ist, ich will es gar nicht anders“ widerspiegeln in diesem Fall nicht die wahren Absichten, sondern dienen dem Wiedererlangen eines Scheingefühls von Sicherheit und Kontrolle. Für die meisten Menschen ist es nämlich viel einfacher etwas gar nicht erst zu versuchen anstatt beim Versuch zu scheitern. Sie übersehen, dass die fehlende Vewirklichung ihrer Bedürfnisse ihr Selbstvertrauen und folglich ihren Selbstwert immer mehr schmälert. Die Folge ist einleuchtend: Ihre Angst, nicht imstande zu sein, klare Grenzen zu setzen, wird immer größer, wodurch gleichzeitig immer stärkere Schutzmechanismen zwecks Verhindern eines Kontrollverlustes nötig sind. Viele Menschen stecken in einer ähnlichen Situation, weil ihnen der Mut fehlt, für sich einzustehen.

Erst wenn wir wirklich *glauben*, dass unser Selbstwert ungehindert von Äußerlichkeiten unverändert vollkommen ist, können wir mit den richtigen Schritten das Selbstvertrauen (wieder) aufbauen. Der erste Schritt beruht in der Erkenntnis und *Verinnerlichung*, dass unser Selbstwert durch nichts jemals verringert werden kann. Der zweite Schritt besteht darin, das eigene Wort zu halten. Hier lohnt es sich, mit einer Sache zu beginnen, von der wir zweifelsohne wissen, dass wir sie umsetzen werden. Die Devise „beginne klein" ist hier sehr empfehlenswert.

Die wichtigste Entscheidung, die dem Aufbau des Selbstvertrauens vorausgeht, ist das Erhöhen der eigenen Standards. Wir dürfen nicht länger einen Vertrauensbruch mit uns selbst tolerieren, indem wir unsere Vorhaben aufschieben oder die Regelmäßigkeit der Ausübung und Umsetzung unterbrechen. Wenn wir etwas finden, das wir verlässlich und kontinuierlich jeden Tag umsetzen können, bauen wir unser Selbstvertrauenskonto (wieder) auf. Wir können damit beginnen, indem wir uns für eine 90-Tage-Challenge verpflichten. Wenn wir einen Tag auslassen, beginnen wir von vorne.

Kapitel 6

Die Kunst, glücklich zu sein

»Situationsbezogener Optimismus ist verbreitet, denn viele Menschen denken positiv, wenn alles nach Plan läuft. Doch bedingunsloser Optimismus will gelernt sein.«

Das Beste erwarten

Selbstvertrauen wächst auf einer inneren Haltung der positiven Erwartung, auch bekannt als *Optimismus*. Der Begriff stammt unter anderem vom lateinischen Wort *optimum*, “das Beste”, ab. Eine optimistische Einstellung bedeutet also, das Beste zu erwarten. Diese Haltung ist erlernbar, doch in der heutigen Welt fällt das vielen Menschen schwer. Die Ursache finden wir z.B. in der Unzufriedenheit mit sich selbst, im Stress durch die Hektik des Alltags, im Druck durch die eigenen und gesellschaftlichen Erwartungen sowie in der Tatsache, dass viele Menschen nicht ihr eigenes Leben leben und nicht einmal für sich selbst denken.

Wenn wir nicht in unserer Mitte ruhen, tendieren wir dazu, das Leben als unvollkommen, unerwünscht und problematisch zu sehen. Es gibt Ausnahmen. Denn Optimismus ist weder durch unsere Gene determiniert noch ein glücklicher Zufall. Eine optimistische Sichtweise ist tatsächlich erlernbar. *Gelernter Optimismus* ist die Idee in der positiven Psychologie, dass ein Talent für Freude – wie jedes andere – gefördert werden kann. Es steht im Gegensatz zu *erlernter Hilflosigkeit*. Optimismus zu lernen geschieht, indem wir jedes negative Selbstgespräch bewusst herausfordern.[9] Erstmals definiert wurde diese Sichtweise 1990 von Martin Seligman in seinem Buch *Pessimisten küsst man nicht: Optimismus kann man lernen*. Wie jede neue Fähigkeit braucht auch die optimistische Sichtweise viel Hingabe und vor allem ein Umdenken. Der Aufwand lohnt sich, denn ohne Optimismus können wir weder unsere Herzenswünsche verwirklichen noch unsere Großartigkeit zum Ausdruck bringen und tiefe Erfüllung erfahren.

»Wir können das Beste von einer Situation erwarten, doch ohne unser Bestes zu geben, werden wir es nicht empfangen.«

Fokus auf das Gewünschte

Das Erzeugen von Optimismus bedingt also, dass wir nicht nur unsere innere Haltung auf eine bestimmte Art und Weise (neu) ausrichten, sondern auch die Qualität unserer Handlungen unter die Lupe nehmen und womöglich optimieren. Lass uns zuerst klären, wie wir unsere innere Haltung zu einer optimistischen Sichtweise machen: *Uns auf das fokussieren, was wir wollen*. Die Aufgabenstellung ist leicht, doch die praktische Umsetzung überfordert viele so sehr, dass sie sie nur bedingt oder für kurze Zeit erfüllen. Der Optimismus steht ohne diese Korrektur der inneren Ausrichtung auf sehr wackeligem Untergrund.

Hier ein Beispiel zur Verdeutlichung: Stell dir vor, wir denken ausschließlich an alles, was bei einer Sache schiefgehen könnte. Zuerst denken wir womöglich nur an einige negative Konsequenzen. Doch es wird nicht lange dauern, bis unsere Unglücks-Liste länger und länger wird. Die gedankliche Beschäftigung mit den unerwünschten Auswirkungen hat nicht nur einen multiplizierenden Effekt, sondern sie beeinflusst unausweichlich unser Handeln. Die Qualität unserer Handlungen ist nämlich wesentlich von unserer inneren Haltung abhängig. Je nach Ausrichtung werden wir wirksame, zielführende oder unwirksame, zielverhindernde Handlungsschritte unternehmen.

Bleiben wir beim vorherigen Beispiel. Wie werden wir handeln, wenn wir befürchten, dass etwas Schlimmes passieren könnte und wir unseren Fokus immer mehr auf das lenken, was wir nicht wollen? Wir werden wahrscheinlich keine mutigen Schritte in Richtung unserer Herzenswünsche wagen, sondern viel eher uns zurückhalten, abwarten oder sogar in Ausreden flüchten. Hier ist ein gegenteiliges Beispiel: Wenn wir glauben, dass uns etwas einen positiven Gewinn bescheren wird, sind wir nicht nur auf das Gewünschte ausgerichtet, sondern wir handeln im Einklang mit diesem Ziel. Wir wagen mutig die richtigen Schritte und schieben sie nicht länger auf oder reden sie uns aus.

Wenn wir etwas kontrollieren können, dann unsere Gedanken und die Wahrnehmung unserer Umwelt. Denn wie du bereits weißt, zählt die gedankliche Ausrichtung nebst unseren Gefühlen und Handlungen zu den kontrollierbaren Parametern im Leben. Natürlich laufen die meisten Gedanken unbewusst ab, doch im ersten Schritt reicht es, wenn wir beginnen, unsere Gedanken so zu wählen, dass sie dem Gewünschten entsprechen. Wir können jetzt beginnen, uns vermehrt auf die endlosen Möglichkeiten zu konzentrieren, um eine immer optimistischere Sichtweise zu haben. Was wäre, wenn wir uns in jeder Situation fragen, was bestenfalls passieren könnte? Und welche Erkenntnisse könnten wir gewinnen, wenn wir neugierig genug wären, um die beste Absicht hinter dem Verhalten unserer Mitmenschen zu erkennen?

Das Gute im Leben

Das Beste von einer Sache zu erwarten bedingt nicht nur, dass wir unser Bestes geben, sondern auch, dass wir das Gute in einer Situation und im Leben erkennen. Es ist verblüffend, dass wir als menschliche Spezies immer wieder ins Fettnäpfchen treten und trotz der vielen guten Dinge, die schlechten überbewerten. Wie kann das sein? Ein Grund lautet, dass wir das Leben als selbstverständlich sehen. Schätzungen zufolge sterben weltweit jeden Tag rund 150.000 Menschen. Das sind rund 4.500.000 pro Monat und 54.000.000 pro Jahr. 2,2 Milliarden Menschen sind ohne Zugang zu sauberem Trinkwasser. 4,2 Milliarden Menschen haben keine anständige Toilette.[15] Wir könnten zahlreiche, weitere Beispiele aufführen, doch bereits jetzt ist ersichtlich: nichts ist selbstverständlich.

Solange wir vieles als selbstverständlich hinnehmen, bereiten wir der verstärkten Gewichtung negativer Ereignisse und Umstände den Weg. Wenn wir vermehrt das Mangelhafte sehen, werden wir unausweichlich immer mehr mangelhafte Situationen erkennen, denn wie wir wissen, stehen unsere persönlichen Lebenserfahrungen im Einklang mit unserer inneren Ausrichtung. Hier ein einleuchtendes Beispiel aus der Beziehungswelt: Am Anfang einer Beziehung scheinen die positiven Eigenschaften eines Partners zu überwiegen. Alles wird durch die sogenannte rosarote Brille betrachtet und selbst Macken elegant ausgeblendet. Und dann folgt für viele die Routine. Vorbei ist der Liebesfrühling und damit das Vorherrschen der guten Partnereigenschaft. Immer mehr wird das Mangelhafte in den Vordergrund gerückt. Viele behaupten, dass dies das Ende des Verliebtseins bedeute. Ich bin anderer Meinung: Es handelt sich um eine Einladung, sich das Gute in Erinnerung zu rufen.

Die Liebe ging nicht durch die Routine verloren, sondern die fehlende Bereitschaft, das Gute im Partner zu sehen. Wie kommt es dazu? Weil die Beziehung und alles, was damit zusammenhängt als selbstverständlich gesehen wird, gewinnt das Negative die Überhand. Der Psychologe und Bestselling Autor, Rick Hanson, bringt es auf den Punkt: „Das Gehirn ist wie Klett für negative Erfahrungen und wie Teflon für positive.“[16]

Mit anderen Worten werden also negative Erlebnisse viel leichter gespeichert als positive und somit auch leichter ausfindig gemacht und gesehen. Gleichzeitig zeigt die Gehirnforschung, dass dieser natürliche „negative“ Hang unseres Gehirns überwunden werden kann. Eine wichtige wissenschaftliche Erklärung hierfür ist die sogenannte hedonische Anpassung, die bei Beziehungen im Schnitt bei zwei Jahren liegt. Die vorübergehenden Glücksgefühle treten danach in den Hintergrund, weil sich der Organismus an die Umstände gewöhnt hat. Die Schmetterlinge im Bauch sind verschwunden. Und ohne sie macht sich immer mehr die Selbstverständlichkeit breit, vorausgesetzt wir steuern nicht bewusst gegen. In Wirklichkeit gingen nicht die positiven Eigenschaften des Partners verloren, sondern wir haben unsere Ausrichtung darauf verringert oder sogar gänzlich aufgegeben.

Wenn wir uns bemühen, erneut die positiven Eigenschaften eines Menschen oder das Gute in einer Sache zu sehen, üben wir uns im Optimismus. So wie durch das kontinuierliche Lernen von Vokabeln, beginnen wir durch die fortwährende Neuausrichtung buchstäblich unser Gehirn umzuprogrammieren. Die Neurowissenschaft nennt es die neurale Plastizität, also die Fähigkeit unseres Gehirns, sich neu zu strukturieren, indem neue Nervenverknüpfungen gebildet werden. Das überaus Faszinierende daran ist, dass der Funke dieser Neubildungen unsere Aufmerksamkeit ist. Wenn wir nicht zu früh aufgeben und fleißig immer mehr das Gute erkennen und hervorheben, hat unser Gehirn keine andere Wahl, als sich neu zu formen.

Das Leben meint es gut

Im Grunde gibt es nur zwei Möglichkeiten: Entweder ist das Leben gegen uns oder für uns. Viele Menschen teilen die erstere Überzeugung. Und viele die letztere. Es hängt von ihrer Entscheidung ab. Frage dich, wofür du dich bislang entschieden hast. Glaubst du, das Leben sei unfair? Fühlst du dich bestimmten Situationen und Umständen gnadenlos ausgeliefert? Oder betrachtest du das Leben trotz Höhen und Tiefen als gutmütig? Diese Entscheidung sollten wir niemals anhand der jetzigen Umstände fällen. Und hier können wir von den erfolgreichsten und erfülltesten Menschen lernen:

Wenn Überflieger turbulente Zeiten durchleben, sind sie dennoch der Meinung, dass es das Leben gut mit ihnen meint. Sie teilen die Überzeugung, dass alles einen guten Ausgang nehmen wird, auch wenn er nicht ihren Vorstellungen entspricht. Diese Erwartungshaltung entsteht durch ihre Auffassung, dass sie in turbulenten Momenten gerade viel Neues dazulernen. Sie warten nicht auf gute Möglichkeiten, sie kreieren sie, indem sie sich neuer Wege bewusst werden.

» Situationsbezogener Optimismus ist verbreitet, denn viele Menschen denken positiv, wenn alles nach Plan läuft. Doch bedingungsloser Optimismus will gelernt sein und macht sich auch in herausfordernden Zeiten bemerkbar. «

Eine optimistische Einstellung bedeutet trotz Widrigkeiten das Gute im Leben zu sehen, trotz langjähriger Ehe die positiven Seiten des Partners zu schätzen und hervorzuheben und trotz einer Krise neue Chancen zu entdecken.

Umgeben von Positivität

Es ist wahr: Unsere Mitmenschen sind nicht verantwortlich für unsere positiven Gefühle, doch negative Menschen in unserem Umfeld bedingen, dass wir umso positiver sind. Ein negatives Umfeld verlangt also mehr von uns ab als ein positives. Wenn wir unsere Energie jeden Tag bewusst befreien und im Anschluss mit negativen Menschen zu tun haben, fällt uns der Umgang mit ihnen zwar leichter, aber gleichzeitig müssen wir uns viel häufiger um einen erneuten Energieschub kümmern. Es erwartet uns ein weitaus größerer Aufwand, der nicht sein muss. Schließlich besteht auch die Möglichkeit, uns vermehrt mit positiven Menschen zu umgeben. Dies kann unsere Energie enorm steigern und uns in Verbindung mit Energiehoch-Gewohnheiten in völlig neue Dimensionen bringen. Die Rede ist von bedingungslosem Optimismus.

Doch auch in Situationen, in denen „negative" Dinge überwiegen, gibt es eine Reihe von einfachen Möglichkeiten, uns mit Positivität zu umgeben und optimistischer eingestellt zu sein. Einige Beispiele umfassen inspirierende Bücher, Filme und Audioprogramme, Bewegung in der Natur, Meditation oder schöne Dinge beobachten und bewusst wahrnehmen oder jemanden tatkräftig unterstützen. In der heutigen Zeit wird bedingungsloser Optimismus immer wichtiger, um in unserer Kraft zu bleiben und das Beste aus uns und dem Leben zu machen, wodurch wir zu besseren Vorbildern werden und unsere Mitmenschen umso mehr auf ihrem Weg unterstützen können.

Die Kunst glücklich zu sein

„Der Mensch ist gerade mal so glücklich, wie er sich zu sein entschließt." Dieses Zitat stammt von Abraham Lincoln. Was Lincoln anspricht, grenzt für viele eher an eine Utopie oder gar verrückte Spinnerei. Heute wissen wir allerdings, dass seine Überzeugung mehr als einen Funken Wahrheit enthält. Zahlreiche Glücksforschungen zeigen, dass rund 40 % unseres Glücksgefühls in unseren Händen liegt. Dadurch gewinnt Lincolns Aussage umso mehr an Relevanz. Natürlich hätte er auch behaupten können: Der Mensch ist gerade mal so glücklich, wie es die Qualität seiner Lebensumstände ermöglicht.

Offensichtlich streben wir alle nach Glück. Und fast jeder Mensch sucht sein Glück im Außen. Auf die gesamte Weltbevölkerung bezogen ist es tatsächlich so, dass die Mehrheit der Menschen Lösungen im Außen sucht. Viele von ihnen wissen zwar, dass diese Suche langfristig leer ausgehen wird, aber das bewegt sie nicht automatisch zum Umdenken und der Veränderung ihrer Gewohnheit, das Glück um die Ecke zu erwarten.

Die verbreitete Meinung lautet, dass Glück von äußeren Zuständen abhängt. Glück werde durch das Verhalten anderer Menschen, die finanziellen Umstände, die Arbeitsstelle, den Gesundheitszustand oder durch andere Ursachen verhindert. Glücklich sein können wir gemäß dieser Sichtweise erst dann, wenn sich die äußeren Umstände verändern. Und so beginnt der Versuch, die Außenwelt durch Manipulation, Kampf, Widerstand und Kontrolle den eigenen Vorstellungen anzupassen. Interessanterweise bleibt dabei das Glück auf der Strecke. Aber eigentlich ist das nicht erstaunlich, wenn wir die wahren Auslöser des Glücks verstehen.

Natürlich können Umstände wie finanzielle Engpässe, eine unbefriedigende Arbeitsstelle, das Verhalten anderer Menschen und jede beliebige andere Situation einen scheinbaren Einfluss auf unser Wohlbefinden haben. Aber sie sind nicht die wirkliche Ursache fehlenden Glücks. Glücklich sein ist eine Entscheidung. Unsere Entscheidungsfähigkeit unterscheidet uns Menschen wesentlich von anderen, irdischen Lebewesen. Der freie Wille gibt uns die Möglichkeit, uns für oder gegen eine Sache zu entscheiden. Und der freie Wille gibt uns tatsächlich die Möglichkeit, uns für oder gegen das Glück zu *entscheiden*. Glück ist wie vieles im Leben das Ergebnis unserer Gefühle, Gedanken und Handlungen. Natürlich fühlt es sich für wenige stimmig an, die volle Verantwortung auf sich zu nehmen und sie geben die Schuld lieber einer anderen Sache oder ihren Mitmenschen.

Äußere Umstände als ursächlich für das Unglück zu sehen und die Anstrengungen, sie zu verändern, können sehr wohl vorübergehende Glücksmomente bewirken, doch langanhaltende Zufriedenheit erreichen wir dadurch laut neuesten Erkenntnissen nicht. Häufige Beispiele einer solchen Vorgehensweise umfassen das Beenden einer Beziehung, um nach geraumer Zeit frustriert festzustellen, dass auch die neue Beziehung nicht das erhoffte Glück bringt oder das Aufgeben einer wenig zufriedenstellenden Arbeitsstelle, um kurze Zeit später in einem neuen Umfeld zu arbeiten, in dem das Glücksgefühl erneut untergeht.

So gesehen ist es wenig erstaunlich, dass die meisten Menschen langanhaltende Glücksgefühle als Fantasie oder einen Segen für einige wenige Glückliche betrachten und ihre Erwartungen herunterschrauben. Natürlich übersehen sie das Wesentliche. Eine neue Beziehung oder Arbeitsstelle kann nämlich durchaus eine nie zuvor erlebte Erfüllung bringen. Entscheidend ist lediglich, dass wir nicht auf der Suche nach dem Glück eine alte für eine neue Beziehung oder Arbeitsstelle verlassen. Denn wie wir bereits erkannt haben, liegt die Ursache fehlenden Glücks nicht in den äußeren Umständen, sondern in der Unentschlossenheit, sich jetzt für das Glück zu entscheiden. Dieser Schritt setzt voraus, dass wir uns jeden Tag unabhängig von äußeren Umständen erneut für das Glück entscheiden. Womöglich bist du neugierig, wie uns diese Entscheidung gelingt.

Erstens sollten wir neue persönliche Standards festlegen, indem wir uns klarmachen, wie wir denken, uns fühlen und verhalten würden, wenn wir bereits jetzt zutiefst glücklich sind. Zweitens ist es unumgänglich, dass wir ab sofort darauf verzichten, die Verantwortung für unser eigenes Glück auf jemand anderen oder eine äußere Sache zu schieben. Niemand kann uns die Entscheidung abnehmen, ein glückliches Leben zu führen. Sie liegt in unseren Händen. Drittens können wir uns um das Verbreiten von Glück bemühen.

Es ist verblüffend, wie viele Menschen glauben, dass Geben besser als Empfangen sei und beim eigenen Glück den Spieß umdrehen, indem sie sich einreden: „Sie macht mich unglücklich." und „Es liegt in der Verantwortung anderer, meine Bedürfnisse zu befriedigen." Diese und ähnliche Überzeugungen sind die besten Glückshemmer, die wir erdenken können.

Wir sind die Ursache unseres Glücks und wenn wir es verbreiten, kommt es automatisch zu uns zurück. Es kann so einfach sein wie das absichtslose Bereiten einer kleinen Freude. Das Glück findet womöglich nicht durch denselben Menschen zu uns, dem wir es bereitet haben, doch es kehrt immer zu uns zurück.

Langanhaltend glücklich

Die Möglichkeiten, um kurzfristig Freude zu erleben, sind in der heutigen Zeit beinahe grenzenlos. Sei es eine Komödie, die Anschaffung neuer Gegenstände oder das Reisen in ferne Länder. Doch häufig verfliegt die Freude genauso schnell, wie sie gekommen ist. Wie du bereits weißt, wird Freude gerne von äußeren Umständen abhängig gemacht. Wenn alles so läuft, wie geplant, sind die meisten Menschen frohen Mutes, doch wenn alles anders kommt, verwandelt sich ihr Lächeln bald in eine finstere Miene. Möglicherweise klemmt es in finanzieller Hinsicht, sie kämpfen mit ihrer Gesundheit oder erleben scheinbar unüberwindbare Probleme in einer Beziehung. Solange wir unsere Freude von solchen Umständen abhängig machen, ist es in der Tat schwierig, ein langanhaltendes Glücksgefühl zu erleben. Sobald wir jedoch beginnen, die Freude unabhängig äußerer Umstände von innen heraus zu erleben, lassen wir uns nicht länger von Gedanken, wie „Wenn ich mein Ziel erreiche, dann werde ich glücklich sein" oder „Wenn sich diese eine Sache verändert, dann werde ich zufrieden sein", verleiten.

Solange das Hier und Jetzt auf Kosten besserer Zeiten bekämpft wird, schenken wir dem tatsächlichen Auslöser von Freude keine Aufmerksamkeit. Denn Freude finden wir immer nur im *jetzigen* Augenblick. Das bedeutet nicht, dass wir aufhören sollen zu träumen und uns auf eine aufregende Zukunft zu freuen. Im Gegenteil, wenn wir unserem Leben eine positive Bedeutung beimessen und eine positive Zukunft erwarten, sind wir automatisch glücklicher.

Visionäre wie Martin Luther King, Steve Jobs oder die Gründer von Airbnb, Brian Chesky, Joe Gebbia und Nathan Blecharczyk, waren Träumer, die die Möglichkeiten einer besseren Zukunft nie aus den Augen verloren hatten. Von vielen ausgelacht und abgetan als Spinner, haben sie durch ihre Tatkraft, Disziplin und ihren Mut Unmögliches möglich gemacht. Diese und andere Visionen hätten niemals verwirklicht werden können, wenn sie die Freude und Erfüllung bis zum Erreichen ihres Endzieles aufgeschoben hätten. Alle der fünf genannten Visionäre wurden immer wieder mit unvorstellbaren Herausforderungen konfrontiert, die ihnen die Freude und letztlich die Inspiration und den Mut hätten rauben können. Was haben sie und andere erfolgreiche Menschen gemeinsam?

Sie sind sich bewusst, dass *sie* der Auslöser ihrer Freude sind und dass sie sich auch in schwierigen Zeiten immer für die Freude *entscheiden* können.

Dasselbe gilt für uns alle. Wenn wir erkennen, dass die Freude in uns ruht, können wir beginnen, gezielt Glücksgefühle zu erzeugen. In Wirklichkeit ist Freude immer vorhanden, doch wir müssen uns darauf einlassen. Wahrscheinlich möchtest du wissen, wie uns das gelingt. Die Antwort lautet, indem wir sie beabsichtigen. Lass uns kurz innehalten und uns fragen, wie wir *jetzt* Freude empfinden könnten. Womöglich folgt der Impuls, uns mit einer Freundin zu treffen, in einem inspirierenden Buch zu lesen, Musik zu hören oder Sport zu treiben. Die Kunst ist, diesen Impulsen zu folgen und gleichzeitig zu erkennen, dass sie nicht der Auslöser, sondern die Erinnerung an die bereits vorhandene, innere Freude sind.

Der entscheidende Umgang mit Freude

Natürlich ist die Frage berechtigt, wie ein Treffen, Lesen, Musik hören oder Sport langanhaltende Freude auslösen und wie solche temporären Aktivitäten auch in schwierigen Zeiten für bedingungslose Freude sorgen können. Wiederholungen sind nicht nur im Sport oder beim Auswendiglernen entscheidend, sondern auch beim Erleben langanhaltender Freude. Wenn wir Freude von äußeren Umständen und Menschen abhängig machen, bleibt sie eine zufällige und unkonstante Angelegenheit. Wenn wir Freude erleben jedoch zu einer bewusst gewählten Strategie machen, entdecken wir regelmäßig ein bisschen Freude, was sich nach geraumer Zeit zu einer immer stärkeren Kette in Form einer Endlosschleife entwickelt.

Entscheidend ist also unser Umgang mit Freude. Indem wir uns regelmäßig fragen, wie wir jetzt mehr Freude erleben könnten, beginnen wir uns für neue Möglichkeiten und letztlich die immer vorhandene Freude zu öffnen. Das ist ein wichtiger Schachzug. Und er ist ein guter Anfang, unsere innere Einstellung weg von „Ich kann keine Freude haben, weil..." hin zu „Wie könnte ich jetzt Freude empfinden?" zu lenken. Schachmatt gelingt uns aber erst dann, wenn wir uns diese neue Frage mehrmals täglich und insbesondere auch in schwierigen oder langweilig empfundenen Phasen des Lebens stellen. Dadurch werden wir immer mehr Gründe finden, um uns bedingungslos zu freuen und erkennen, dass das Tor zur Freude oft in kleinen und unscheinbaren Dingen liegen kann. Womöglich ergibt sich gerade nicht die Möglichkeit, sich mit einer Freundin zu treffen, zu lesen, Musik zu hören oder Sport zu treiben. Und möglicherweise fehlt uns die Freude bei der Arbeit, die uns aufgebrummt wurde. Wie die äußeren Bedingungen auch sein mögen, die Vorgehensweise bleibt dieselbe: Freude ist immer in uns vorhanden und mit dem genannten Schlüssel können wir sie in jeder beliebigen Situation befreien, wenn wir uns dafür entscheiden.

Die übrigen 60 %

Dir ist bewusst, dass Glücksforschungen zeigen, dass rund 40 % unseres Glücksgefühls in unseren Händen liegen. Und was ist mit den übrigen 60 %? Verblüffenderweise tragen die am häufigsten gewählten Ziele, um endlich glücklich zu sein, nur rund 10 % zum persönlichen Glück bei. Dazu zählen das neue Auto, das

Haus, mehr Geld, Ansehen, Anerkennung und Macht. In der Tat alle materiellen Ziele, die wir uns nur vorstellen können. Die Ursache liegt in der hedonischen Anpassung, wie sie bereits am Beispiel der Beziehung aufgezeigt wurde. Nach ca. zwei Jahren Ehe fallen die Ehepartner ohne bestimmte Glücksgewohnheiten zurück auf ihre bisherige Glückskurve. Dasselbe passiert nach dem Erreichen materieller bzw. extrinsisch motivierter Ziele – sprich Ziele, die wir verfolgen, weil wir uns dadurch mehr Ansehen, Liebe, Macht oder Sicherheit erhoffen.

Denn durch die hedonische Anpassung gewöhnen wir uns unterschiedlich schnell an die neuen Umstände und fallen danach zurück auf das vorherige Level an Glücksgefühlen. Das macht solche Ziele nicht falsch, doch wenn wir auf der Suche nach dem Glück und der Erfüllung immer mehr Äußerlichkeiten oder Mittel-zum-Zweck-Ziele verfolgen, werden wir den erhofften Preis nicht gewinnen. Die Erklärung finden wir in den übrigen 50 %, die genetisch veranlagt sind.

Der Glück-Set-Point

Ähnlich wie der Thermostat einer Heizung, der eine bestimmte Temperatur sicherstellt, werden wir laut neuesten Erkenntnissen der Positiven Psychologie mit einem Glück-Set-Point geboren. Dieser angeborene Mittelwert gibt vor, wie viel Glücksgefühle wir jeden Tag erleben. Einem vorübergehenden Übersteigen dieses Wertes – etwa durch das Erreichen von oben erwähnten Zielen – wird automatisch entgegengewirkt.

Wie ein Thermostat, der auf 21 Grad geregelt wurde, bei zu hoher Raumtemperatur die Heizung ausschaltet, stellt die hedonische Anpassung sicher, dass wir trotz einer Gehaltserhöhung, einem größeren Haus oder neuen Auto uns sehr bald wieder auf dem üblichen Glückslevel bewegen. Menschen, die sich ausschließlich auf diese Wechselwirkung verlassen, brauchen in der Tat immer neue Ziele, um das erhoffte Glück endlich zu finden, denn sie stellen unbewusst sicher, dass der Durchschnitt ihrer Glücksmomente ihrem persönlichen Richtwert entspricht. Oft erleben sie dies in Form unerwarteter Rückschläge, die unmittelbar nach einem Höhenflug geschehen. Wenig wache Menschen sehen es als Unglück, während Überflieger erkennen, dass sie sich unbewusst genau entsprechend ihrem Glück-Set-Point verhalten haben. Um dies zu veranschaulichen, stellen wir uns vor, dass der Glück-Set-Point eines Menschen der Zahl 5 entspricht. Die Anschaffung eines neuen Autos erhöht die Zahl vorübergehend auf eine 9. Um dieses Ungleichgewicht auszugleichen, sorgt dieser Mensch unbewusst für ein Ereignis, das die Glücksgefühle dämpft und sie schließlich wieder auf den bekannten Richtwert einer 5 bringt.

Zum Glück gibt es Möglichkeiten, mit denen wir unseren Glück-Set-Point und damit das Gefühl von Zufriedenheit nicht nur vorübergehend, sondern langanhaltend steigern können. Wenn wir uns mit diesen Glücksstrategien beschäftigen und sie zu Gewohnheiten machen, verändern wir damit zwar nur 40 % unseres Glücksgefühls, doch auf Dauer macht es einen spürbaren Unterschied und wir werden uns zu den glücklichsten Menschen der Welt zählen. Die Glücksforschung hat eine Reihe von erprobten Lösungen gefunden, durch die Glücksgefühle über einen langen Zeitraum ermöglicht werden. Da es sich um Gewohnheiten handelt, können wir erst durch die regelmäßige und kontinuierliche Anwendung entsprechende Ergebnisse erwarten.

Hier ist eine Liste solcher Glücksgewohnheiten aus dem Buch „Glücklich sein: Warum Sie es in der Hand haben, zufrieden zu leben" von Sonja Lyubomirsky:

- Dankbarkeit praktizieren
- Optimistisch sein
- Grübeln und soziale Vergleiche vermeiden
- Gute Taten vollbringen
- Soziale Beziehungen pflegen
- Bewältigungsstrategien entwickeln
- Vergebung praktizieren
- Schaffen von Flow-Erlebnissen
- Die Freuden des Lebens genießen
- Lebensträume verwirklichen
- Spiritualität und Religion ausüben
- Meditation
- Körperliche Bewegung
- Vorwegnahme des Glücks

Kapitel 7

Sinnhaftigkeit des Lebens

»Die Kenntnis unserer Lebensaufgabe spendet Kraft, insbesondere auch dann, wenn wir mit Herausforderungen konfrontiert werden.«

Lebensaufgabe definieren statt finden

Jeder Mensch hat eine Lebensaufgabe, aber nur wenige erlauben sich, sie zu entdecken und jeden Tag zu leben. In der Tat sind viele Menschen unzufrieden und fragen sich, ob das Leben wirklich nicht mehr zu bieten hat. Das Entdecken der Lebensaufgabe gestaltet sich für die meisten nicht weniger frustrierend wie die fehlende Befriedigung der momentanen Lebensumstände.

> »Es liegt daran, dass wir unsere Lebensaufgabe nicht entdecken, sondern definieren.«

Die Hoffnung, eines Tages aufzuwachen und zu wissen, was wir mit unserem Leben anstellen sollen, gleicht einem passiven Abwarten. Das bedeutet nicht immer, dass wir nichts unternehmen, doch ohne eine Lebensaufgabe sind die meisten Menschen planlos – und oft unerfüllt – beschäftigt. In Wirklichkeit liegt es in unserer Macht, die Lebensaufgabe festzulegen, was uns gleichzeitig ins aktive Dienen bringt und der planlosen Beschäftigung ein Ende setzt. Sicherlich erkennst du immer klarer, dass du nicht länger auf den Tag X warten musst, an dem du deine Lebensaufgabe entdeckst und deinem Herzen folgen kannst. Gleichzeitig fragst du dich wahrscheinlich, wo du beginnen sollst. Dazu betrachten wir uns jetzt sechs wichtige Punkte. Drei, die uns verraten, wie wir beginnen können, uns in Richtung unserer Lebensaufgabe zu bewegen und drei, die aufzeigen, warum es so wichtig ist, die Lebensaufgabe zu definieren und in sie hineinzuwachsen. Bevor wir beginnen, bedarf es einer Korrektur der inneren Haltung. Solange wir davon ausgehen, dass wir unsere Lebensaufgabe – unsere Herzenswünsche – nicht kennen, werden wir in dieser Annahme bestätigt. Darum lautet die erste Anpassung: „Ich kenne und lebe jetzt meine Lebensaufgabe.“ Die zweite Korrektur ist eine Entscheidung, und zwar die Entscheidung, jetzt die Lebensaufgabe zu leben.

Ein Sprung ins Ungewisse

Als ich mich im Dezember 2010 entschied, meine sichere und gut bezahlte Arbeitsstelle als Physiotherapeut in einem Schweizer Fitnessstudio eines guten Freundes an den Nagel zu hängen, war mir nicht vollends klar, wohin mich meine neue Aufgabe führen wird. Was ich jedoch wusste, war Folgendes: Ich spürte seit meiner Ausbildung zum Reconnective Healing Practitioner im Juni 2009 einen unbeschreiblich starken Drang, diese Arbeit mit der Menschheit zu teilen. Ich hatte keine Sicherheit, ob mein Plan aufgehen würde und doch entschied ich mich für den Sprung ins Ungewisse.

Nach meiner Entscheidung und Kündigung folgten einige faszinierende Ereignisse. Ich nahm mehrere Videos auf, die ich im Internet veröffentlichte und die die Aufmerksamkeit von Eric Pearl, dem Entdecker von Reconnective Healing, gewannen. Er lud mich zu einem persönlichen Treffen während seines Aufenthalts in Augsburg ein. Wir unterhielten uns für zwei Stunden und er fragte mich nach meinem Ziel. Ich sagte ohne zu überlegen: „Ich möchte Instruktor werden." Das war 2010 und damals gab es nur drei Instruktoren, die nebst Eric Pearl seine Seminare halten durften. Eric schluckte und antwortete, dass wir mit dem ersten Schritt beginnen und er wollte wissen, ob ich sein Lehrer-Team am kommenden Wochenende am Seminar in Hamburg begleiten könne. Ich antwortete erneut ohne nachzudenken: „Ja, das kann und werde ich." In der Tat eröffnete ich Eric nicht, dass ich äußerst knapp bei Kasse war, sondern ich entschied mich, die einmalige Chance zu nutzen. Und so kam es, wie es immer kommt, wenn wir uns für eine Herzensangelegenheit entscheiden: Die nötigen Ressourcen erscheinen, weil sie in Wirklichkeit immer vorhanden sind. In meinem Fall war es eine unerwartete Rückzahlung, die genau dem Preis des Flugtickets entsprach.

Während der vier Seminartage saugte ich alles auf, was ich konnte. Es war der Beginn meiner wundervollen, lehrreichen und lebensverändernden Reise an der Seite von Eric Pearl. Im Mai 2010 assistierte ich am Seminar in Oslo und es folgten unzählige Seminare auf der ganzen Welt. Nach nur fünf Jahren wurde ich eingeladen, die nächste Etappe meiner Reise anzutreten: Ich wurde zum Instruktor ausgebildet und leitete zusammen mit Eric Pearl weltweit seine Seminare.

In dieser Rolle durfte ich weit über 10.000 Menschen in der Bewusstseinserweiterung unterrichten und sammelte wertvolle Erfahrungen als internationaler Redner. 2014 hielt ich unter anderem das Seminar mit mehreren hundert Teilnehmern in Australien. Eine grandiose

Erfahrung. Und jetzt kommt das Beste: Als ich einige Tage vor Seminarbeginn die atemberaubende Landschaft genoss, erkundigte ich mich, wie die Insel vor uns hieß. Fraser Island. Mir wurde mit einem Schlag bewusst, dass in meiner Jugend eine Postkarte von Fraser Island an meiner Pinnwand hing. Damals wusste ich nicht, wo sie liegt, doch der Anblick des weißen Strandes und türkisblauen Wassers fesselte mich. Das ist nicht alles.

2005 erzählte ein bekannter Erfolgstrainer in einem Interview, dass er am Anfang seiner Tätigkeit den Wunsch verspürte, in Australien zu unterrichten. Er hing sich ein Zielfoto auf, worauf sich irgendwann seine Vision verwirklichte. Diese Idee faszinierte mich, ohne dass mir die Kraft und natürlichen Gesetze dahinter gänzlich bewusst waren. Umso berührter war ich, dass mein Seminar – ohne mein bewusstes Zutun oder Wissen – ausgerechnet in der Nähe von Frasier Island stattfand. Ein wichtiger Beitrag, ohne den ich dieses Erlebnis nicht gehabt hätte, war meine Bereitschaft, trotz Ängsten meinem Herzen zu folgen und auch nach großen Rückschlägen immer wieder aufzustehen und weiterzugehen. Das war nicht immer einfach, und ich bin mehrmals an meine Grenzen gekommen, doch der Lohn des Herzenswegs ist umso schöner.

Die Entwicklung der Lebensaufgabe

2017 spürte ich, dass die nächste Ebene meiner Lebensaufgabe auf mich wartete, was durch viele äußere Veränderungen bestätigt wurde. Ich entschied mich, in eigener Sache voranzuschreiten, worin ich bis heute meine Lebensaufgabe sehe und lebe. Hätte mir 2010 jemand gesagt, dass ich einmal regelmäßig vor vielen hunderten Menschen sprechen werde, hätte ich ihn für verrückt erklärt. Öffentliches Reden war weder meine Stärke noch meine Vorliebe, doch ich habe es gezielt zu einer Fähigkeit gemacht, die ich noch heute mit großer Hingabe stetig weiterentwickle.

Niemand konnte voraussehen, wie viele Höhen und Tiefen, Herausforderungen, wundervolle Erlebnisse, Zweifel und finanzielle Engpässe ich während all dieser Jahre erleben würde und dass ich einmal unweit von Fraser Island ein Seminar halten werde. Die Wahrheit ist, es gab kein Zurück für mich, weil ich mich *entschieden* hatte, meinem Herzen zu folgen. Viele Menschen, die ich während dieser Zeit kennenlernte, wünschten sich ebenfalls Instruktor an der Seite von Eric Pearl zu sein und manche haben über 10 Jahre lang vergeblich dafür gekämpft. Sie fragten mich, wie ich das so schnell schaffen konnte. Rückblickend würde ich ihnen sagen: „Ich habe mich dazu entschieden, als ich Eric Pearl in Augsburg gegenüber saß und ich war bereit, den Preis dafür zu bezahlen, obwohl ich weder die Ressourcen noch die Erfahrung und das Selbstvertrauen besaß."

Ich teile meine Geschichte nicht, um anzugeben, sondern um aufzuzeigen, dass wir nicht warten müssen, bis uns ein internationaler Bestsellerautor zu einem Gespräch einlädt, bevor wir uns für unsere Lebensaufgabe entscheiden können. Und wir brauchen die

Entscheidung nicht aufzuschieben, bis der richtige Moment, die Erfahrung, Fähigkeiten oder die nötigen Ressourcen sichtbar vorhanden sind. In der Tat ist nämlich jetzt alles vorhanden und wir brauchen uns dessen nur bewusst zu werden.

Unbewusste Spuren

Jeder Mensch hinterlässt unbewusste Spuren, die auf seine Lebensaufgabe hindeuten. Es sind Aktivitäten, die uns Freude bereiten und die uns erfüllen; Orte, an denen unser Herz aufgeht; Gesten und Beiträge, die unser Leben und das Leben unserer Mitmenschen auf positive Weise bereichern. Und es sind Bilder, die wir uns vor Augen halten, weil wir sie von Herzen erreichen möchten. Wenn wir uns dafür entscheiden, dann findet das Leben immer einen Weg, um es möglich zu machen – selbst dann, wenn es unmöglich erscheint oder andere versuchen, uns unsere Träume auszureden. Unsere ganze Energie muss darauf ausgerichtet sein, dass wir unsere Lebensaufgabe jetzt leben, auch wenn es im Außen noch nicht ersichtlich ist. Natürlich sollten wir beachten, dass wir unsere Lebensaufgabe nicht einseitig, sondern unter Betrachtung aller wichtigen Lebensaspekte definieren und leben. Und ganz wichtig, es ist niemals unsere Lebensaufgabe, Ziele zu erreichen oder Dinge anzuhäufen, um unsere innere Leere oder unseren geringen Selbstwert zu kompensieren. Unsere Lebensaufgabe entspringt immer der inneren Fülle und durch sie bringen wir sie so zum Ausdruck, dass wir dadurch dem Dasein und der Entwicklung aller Lebewesen dienen.

Jeden Morgen Zeit mit sich selbst verbringen

Die Suche nach der Lebensaufgabe endet oft in der Ziellosigkeit, ein Gefühl, das einem Nebel gleicht. Der erste Schritt, um eine klarere Sicht und erweiterte Perspektive zu gewinnen, beginnt mit unserem Morgen. Genauer gesagt mit unserem Morgenritual. Was ist das erste, das wir nach dem Aufwachen, abgesehen vom Toilettengang, tun? Viele Menschen werfen einen Blick ins Handy. Ebenso viele gönnen sich einen Kaffee und lesen dabei die Schlagzeilen oder browsen durch die sozialen Medien.

Womöglich geht es dir wie vielen Menschen, die hektisch in den Tag starten, weil sie zu spät aufgestanden sind oder bereits bei Tagesanbruch den Bedürfnissen und Erwartungen ihrer Mitmenschen gerecht werden. Vielleicht gehörst du aber auch zu einer anderen Gruppe von Menschen. Menschen, die ihren Morgen ganz bewusst gestalten und die ersten Stunden mit Aktivitäten füllen, die sie persönlich weiterbringen und optimal auf den Tag vorbereiten.

Ein solches Morgenritual ist nicht nur ausschlaggebend für den Erfolg unseres Tages, sondern auch für die Richtung unseres Lebens. Es ist verheißungsvoll fehlende Zeit, elterliche oder berufliche Verpflichtungen und Stress als Gründe zu nennen, warum die morgendliche Zeit mit uns selbst zu kurz kommt. Doch wenn wir bedenken, dass die Art und Weise, *wie* wir den Tag beginnen wesentlich zum Erfolg und Lebenssinn beiträgt, gewinnt die Wichtigkeit eines sinnvollen Morgenrituals eine vollkommen neue Bedeutung.

»Es ist kein Geheimnis, dass sehr viele Menschen in einer Routine leben, die ihnen wenig Erfüllung bringt.«

Sie gehen einer Arbeit nach, die ihnen minimale Freude bereitet und sie verbringen die meiste Zeit ihrer Tage in einem Umfeld, das ihnen dieselbe Unzufriedenheit spiegelt wie ihre eigene. Mehr noch schreibt ihnen ihr Arbeitgeber vor, wann sie zur Arbeit kommen müssen und Überstunden werden ebenso als selbstverständlich betrachtet wie das hervorragende Erledigen einer Aufgabe. Natürlich gibt es Ausnahmen, doch sie bestätigen die Regel, dass die meisten Menschen weit unter ihrem Potenzial und fern von ihrer Lebensaufgabe vor sich hinleben. Auch ein solcher Kurs kann mit einer definitiven Entscheidung geändert werden. Es beginnt mit dieser wichtigen Frage: Wie könnte ich dafür sorgen, dass ich die erste Stunde nach dem Aufstehen für mich und Aktivitäten, die mich persönlich weiterbringen, nutze?

Ich frage andere Menschen gerne, ob sie ein Morgenritual pflegen. Mehrere bejahen dies. Und dann erkundige ich mich, ob ihr Morgenritual optimal auf den Tag vorbereitet und zum persönlichen Wachstum beiträgt. Interessanterweise lautet die Antwort fast immer nein. Natürlich ist den meisten Menschen bewusst, dass erfolgreiche Menschen jeden Tag auf eine bestimmte Weise beginnen, doch das bedeutet nicht, dass sie diese Gewohnheit übernehmen. Hier sind einige Ideen, wie wir die erste Morgenstunde sinnvoll nutzen können: positive, inspirierende Lektüren, die uns bewegen und weiterentwickeln; Verzicht auf soziale Medien, E-Mails und jede Art von Internet-Browsing; Meditation; Atemübungen; Tagesgestaltung; Reflexion über das Leben; körperliche Bewegung und Stretching; kalte Dusche; Selleriesaft; gesundes Frühstück; einen Liter stilles, reines Wasser mit Zitronensaft trinken. Wir können verblüffende Mengen an Energie befreien, wenn wir uns überlegen, wie wir unseren Morgen noch effektiver nutzen könnten, um jeden Tag optimal und in uns ruhend zu beginnen.

Jeden Tag bewusst gestalten

Viele Menschen können das Wort „Planung“ vor lauter Aufgaben und Erwartungen nicht mehr hören. Diejenigen, denen es so ergeht, ermutige ich besonders, die folgenden Sätze aufmerksam durchzulesen, denn die Gestaltung unserer Tage ist äußerst entscheidend für die Lebensqualität. Das scheint logisch, doch oft wird dabei übersehen, dass sich eine Tagesplanung nicht auf zu erledigende Aufgaben beschränkt. Für die meisten Menschen bedeutet ein typischer Arbeitstag aber genau das: Sie erledigen mehr oder weniger konzentriert und effektiv Aufgaben, die ihnen selten von selbst, sondern von anderen Menschen auferlegt wurden. Am Ende des Tages fragen sie sich zurecht, welche Bedeutung dies für ihr Leben hatte.

Um diesen Zyklus zu unterbrechen ist Eigeninitiative gefragt. Wir können uns fragen, wie wir unsere überfüllten Tage so gestalten könnten, dass sie bedeutsamer werden und uns in Richtung unserer Lebensaufgabe und Vision führen, und zwar wie folgt: Wir planen und machen *jeden* Tag mindestens eine Sache, die uns persönlich etwas bedeutet. Das ist in der Tat sehr einfach und die Tragweite ist enorm. Wenn wir in einem Jahr jeden Tag nur eine bedeutsame Sache erledigen, kommen wir am Ende des Jahres immerhin auf 365 Erfolge. Wir könnten z.B. jeden Tag eine Seite schreiben und hätten nach einem Jahr ein Buch fertig. Wir könnten jeden Tag mit Stretching beginnen und würden nach einem Jahr große Fortschritte in der Beweglichkeit erzielen. Den meisten Menschen aber fehlen solche regelmäßigen Aufgaben, die sie erfüllen, weil sie sie nicht einplanen. Die Lebensaufgabe beginnt mit der täglichen Umsetzung von mehr bedeutsamen Schritten. Lass uns klären, welche bedeutsame Aufgabe wir heute einplanen könnten, damit wir am Ende des Tages stolz und erfüllt sind.

Den Fortschritt nicht dem Zufall überlassen

Ohne Orientierungshilfen fühlen sich selbst die erfolgreichsten Menschen verloren. Das ist mitunter ein Grund, warum sie ihre Fortschritte regelmäßig messen. Menschen, die ihre Lebensaufgabe definieren und täglich in sie hineinleben, kennen ihre Richtung, weil sie bewusst Meilensteine platzieren. Es gibt zwei einfache, bewährte Methoden, um den persönlichen Fortschritt zu messen:

- Erstens: regelmäßig über unser Leben reflektieren.
- Zweitens: unseren Fortschritt messen, indem wir

uns regelmäßig in verschiedenen Lebensbereichen bewerten.

Wenn wir unsere Vision, Ziele, Erlebnisse, Erkenntnisse und Lernerfahrungen schriftlich festhalten, gewinnen wir nach geraumer Zeit eine entscheidende Übersicht über unseren Standpunkt im Leben und können wo nötig gezielt den Kurs korrigieren.

Viele Menschen scheuen sich vor der Konfrontation mit ihrer momentanen Situation, obwohl die Selbstevaluierung den Elan in uns weckt. Wir verspüren automatisch den Drang, höher hinaus zu gehen und beschleunigen gleichzeitig unsere Reise auf dem Lebensweg. Nicht linear, sondern im Sinne einer tiefreichenden Erfüllung. Wenn wir beginnen, jeden Morgen bewusst Zeit mit uns selbst zu verbringen, unsere Tage so gestalten, dass wir mindestens eine Aufgabe erledigen, die uns persönlich etwas bedeutet und unseren Fortschritt regelmäßig messen, nehmen wir immer mehr Kurs in Richtung unserer Lebensaufgabe. Womöglich fragst du dich genauso wie viele andere Menschen, warum es so wichtig ist, dass wir unserer Lebensaufgabe nachgehen.

Die Lebensaufgabe gibt uns unsere Richtung vor

Wenn wir definieren, was wir aus unserem Leben machen, zu welchem Menschen wir werden und wie wir uns gegenüber anderen verhalten möchten, geben wir dem Leben automatisch eine neue Richtung vor. Die Kenntnis des beabsichtigten Ziels setzt nicht nur schlummernde Energien frei, sondern wir erlangen

Klarheit über die nötigen Etappenziele.

Viele Menschen entdecken ihre Lebensaufgabe nicht, weil sie vergeblich warten, bis sie sich ihnen offenbart und leben dadurch in einer Grauzone des Zweifelns. Statt einer klaren Richtung sehen sie einen verschwommenen Horizont vor sich. Wir können aus diesem Dilemma aussteigen, indem wir jetzt unsere Lebensaufgabe oder Teile davon schriftlich festhalten und im Anschluss beginnen, jeden Tag Schritte in diese Richtung zu unternehmen.

Die Wahrheit ist, wir müssen nicht zuerst unsere Lebensaufgabe entdecken, bevor wir unsere Richtung kennen, sondern wir sollten als erstes unsere Lebensaufgabe *definieren* und dann der daraus resultierenden Richtung folgen. Und was passiert, wenn wir feststellen, dass wir unsere Lebensaufgabe falsch definiert haben? Dann können wir sie neu definieren. Solange wir stehen bleiben, kann uns das Leben nicht unter die Arme greifen. Erst wenn wir uns bewegen, erhalten wir wertvolle Hinweise, die uns immer mehr ermöglichen, uns unserer Lebensaufgabe bewusst zu werden.

Die Lebensaufgabe spendet Kraft

Wenn wir unsere Vision vor Augen haben, indem wir unsere Lebensaufgabe definieren, untermauern wir unser Vorhaben mit einem soliden Fundament.

„Die Kenntnis unserer Lebensaufgabe spendet Kraft, insbesondere auch dann, wenn wir mit Herausforderungen konfrontiert werden.“

In der heutigen Zeit sprechen viele „Experten“ vom schnellen und mühelosen Weg zum Erfolg, Geld und Glück. In Wirklichkeit aber basiert langanhaltender Erfolg, Fortschritt und Erfüllung auf Bewusstsein, Kontinuität, Produktivität und Ausdauer – nur um einige Faktoren zu nennen. Wenn wir uns im Klaren sind, warum und wofür wir stehen, bleiben wir nach einem Rückschlag nicht liegen, sondern stehen auf und gehen weiter. Ich kann das aus eigener Erfahrung bestätigen. In Wirklichkeit werden die meisten Ziele verfehlt, weil sie nicht lange genug verfolgt wurden und sie fehlender Klarheit zum Opfer fielen.

Die Lebensaufgabe erleichtert Entscheidungen

Wenn wir unsere Mission kennen, sind wir uns gleichzeitig bewusst, welche Aktivitäten und Handlungsschritte zielführend sind und welche unseren Fortschritt drosseln. Das sind äußerst wichtige Informationen, die uns ein sehr wirkungsvolles Instrument an die Hand geben: Wir können beginnen, Dinge, die nicht im Einklang mit unserer Lebensaufgabe sind mit einem guten Gefühl zu minimieren oder gänzlich aufzugeben. Natürlich gelingt dieser Prozess nicht immer von heute auf morgen, doch die Wichtigkeit, effektiv mit Ablenkungen und Störquellen umgehen zu können und sie nach Möglichkeit zu entfernen, kann nicht genug unterstrichen werden. Alltagsverpflichtungen gehören offensichtlich auch dann zum Leben, wenn wir unsere Lebensaufgabe definiert haben. Doch es gibt Möglichkeiten, sie zu delegieren.

Produktivität, Effektivität und Erfüllung

Webster's Dictionary definiert *produktiv sein* als „die Qualität oder Kraft haben, besonders im Überfluss zu produzieren" und „Ergebnisse, Vorteile oder Gewinne zu erzielen." In der Tat wird Produktivität jedoch gerne mit beschäftigt sein verwechselt. Wenn wir jeden Tag zehn Stunden arbeiten, sind wir nicht automatisch produktiv. Denn sofern unser Einsatz nicht die Qualität oder Kraft hat im Überfluss die erwünschten Ergebnisse zu erzielen, dann sind wir lediglich *beschäftigt*. Beschäftigung kann uns ein Gefühl von Fortschritt vorgaukeln, doch solange wir uns häufig mit Problemen, Ablenkungen oder unwichtigen Aktivitäten beschäftigen und zusätzlich womöglich der falschen Aufgabe nachgehen, bleibt die Erfüllung aus.

Produktivität ist ohne Effektivität ebenso wenig zielführend wie Produktivität und Effektivität ohne Erfüllung. Darum definieren wir Produktivität als „die Qualität und Kraft, mehr von den richtigen und bedeutsamen Dingen zu tun, die uns Erfüllung bringen." Klarheit über unsere Produktivität zu haben ist wichtig und bringt uns immer wieder zur Frage, ob wir in letzter Zeit mehrheitlich beschäftigt oder produktiv waren. Wenn wir statt eines Gefühls von tiefer Erfüllung Unruhe, Ungeduld oder Angst in uns wahrnehmen, dann sollten wir der Realität ins Auge sehen: Wir sind nicht produktiv, sondern lediglich beschäftigt.

Die meisten Menschen fragen sich vor lauter Beschäftigung und Hektik nicht, wie ein produktives Leben für sie aussehen würde. Sie erlauben sich nicht, mehr Raum für bedeutsame Aufgaben und Aktivitäten zu schaffen, weil sie Angst haben, etwas zu verpassen. Sie reden sich ein, keine Zeit zu haben, weil eine Aufgabe die nächste jagt und sie besänftigen ihre Unruhe mit der Erklärung, dass sie hart für ihre Ziele arbeiten. Es fällt ihnen schwer zuzugeben, dass sie beschäftigt und nicht produktiv sind, weil sie ihren Beschäftigungsgrad unbewusst mit ihrem Selbstwert verknüpfen.

Harte Arbeit wird im Westen schließlich als lobenswerter angesehen als Faulheit. Auch Effektivität wird gerne ausgebremst, denn durchschnittlich denkende Menschen sagen sich: „Warum sollte ich diese Aufgabe in zwei Stunden erledigen, wenn ich den ganzen Tag dafür habe?“ Sie trainieren sich jeden Tag unbewusst im Unterdrücken ihres Potenzials.

Auch Vielbeschäftigte, die sehr effektiv arbeiten, laufen Gefahr, am Ende ihrer Tage wenig Erfüllung zu erleben, wenn sie mehrheitlich unbedeutsame Dinge erledigten oder glauben: „Der Tag war wieder einmal viel zu kurz und ich komme meinen Arbeiten nicht hinterher.“ Produktivität hat demnach viel mit Harmonie zu tun.

Das Gesetz des Geschlechts besagt, dass alles die weibliche und männliche Energie besitzt. So auch Frauen und Männer. Viele Menschen neigen bei ihrer Arbeitsweise dazu, die eine oder andere Seite auszublenden. In Wirklichkeit aber kann jede Seite ohne die andere nicht existieren und nur gemeinsam bilden sie eine Einheit. Die Vorderseite der Produktivität ist *Effektivität*, die Rückseite *Erfüllung*. Nur wenn wir Produktivität in ihrer Gesamtheit betrachten und befolgen, erleben wir wirklichen Fortschritt, der immer Genugtuung und innere Ruhe zur Folge hat.

(Produktivität + Effektivität) + Erfüllung = Fortschritt

Die zwei Seiten der Produktivität

In der chinesischen Medizin wird die weibliche und männliche Energie Yin und Yang genannt. Ein Ungleichgewicht führt zu diversen Problemen. Bei der Produktivität beziehen sich die weiblichen Anteile der Energie auf:

- Erschaffen
- Vertrauen
- Empfangen
- Intuition
- Hingabe und Loslassen
- Gemeinschaft
- Kreativität und Inspiration
- Träumen
- Genießen und Entspannen
- Stille und Erholung

Die männlichen Anteile der Energie beziehen sich auf:

- Umsetzen
- Entscheiden
- Schützen
- Handeln
- Verstand
- Kontrollieren
- Fokussieren
- Strukturieren
- Kraft und Macht

Es ist wichtig, dass wir unsere Produktivität unter die Lupe nehmen und uns fragen, welches Verhältnis wir erkennen und wie wir es noch einheitlicher gestalten können. Denn wenn wir lediglich träumen oder uns ausruhen, gerät unsere Produktivität ebenso in Schieflage, wie wenn wir uns im ständigen Umsetzen und Kontrollieren befinden. In der Tat gibt es eine Zeit zu säen und eine Zeit zu ernten. Beide finden sich auch in der Produktivität. Die Kunst ist, im Einklang damit zu leben.

Prioritäten setzen

In seinem Buch „High Performance Habits", das auf einer mehrjährigen Studie erfolgreicher Menschen basiert, erwähnt Brendon Burchard die Wichtigkeit, Prioritäten zu setzen. Er rät dem Leser, für jedes Projekt die fünf wichtigsten Hauptschritte zu definieren und daraus die täglichen Handlungsschritte abzuleiten. Er nennt sie PQO (prolific quality output; Deutsch: produktive, qualitative Leistung) und erklärt, dass Überflieger eine höhere produktive und qualitative Leistung über einen langen Zeitraum erbringen als weniger Erfolgreiche und dass dies der Grund für ihre größere Effektivität sei. Es geht also darum zu wissen, welche Schritte uns unserer Vision gezielt näherbringen. Wenn wir z.B. ein Buch schreiben möchten, könnten die fünf Schritte wie folgt aussehen: 1. Buchstruktur und -inhalt festlegen 2. Recherchieren und Schreibplan, inkl. Frist erstellen 3. Schreiben 4. Lektorat und Buchcover erstellen lassen 5. Veröffentlichung und Vermarktung.

Mit dieser Klarheit fällt uns das Priorisieren um ein Vielfaches leichter. Wichtig ist jedoch, dass wir auch Prioritäten in Bezug auf das Tagesvolumen setzen. Vor allem Selbständige neigen dazu, ihre Tage zu überfüllen, weil sie am liebsten alles gleich erledigen würden. Dies führt selten zum erhofften Erfolg, denn die Planung der täglichen Handlungsschritte sollte nie gänzlich die anderen Bereiche des Lebens außer Acht lassen. Ständiges Arbeiten dient zudem gerne als Flucht vor unerwünschten Gefühlen. Natürlich ist es weder möglich noch das Ziel, jeder Aufgabe gleich viel Zeit zu schenken, doch es ist wichtig, dass berufliche Aufgaben nicht zu Lasten der Beziehung oder Gesundheit fallen. Harmonie bedeutet, dass wir allen Lebensbereichen so viel Aufmerksamkeit geben, dass sie stets in einem gesunden Verhältnis zueinander stehen.

Wir können uns verschiedene Herdplatten mit unterschiedlichen Pfannen vorstellen. Jede Pfanne braucht Hitze, damit der Inhalt gekocht werden kann. Manchmal müssen wir die Hitze einer Herdplatte verringern, damit der Inhalt nicht verbrennt und gleichzeitig die einer anderen höher stellen. Wenn wir jedoch gewisse Herdplatten nicht regeln, ist das Ergebnis ungenießbar, weil das Essen entweder nicht ausreichend oder zu lange gekocht wurde. Im Leben stehen wir immer vor diesen Herdplatten und kein Inhalt ist jemals fertig gekocht. Wir können einzelne Bereiche unseres Lebens vorübergehend auf Sparflamme setzen oder großer Hitze aussetzen, doch wenn wir sie zu lange in diesem Zustand lassen, leidet unsere Produktivität, Effektivität und Erfüllung im Leben. Darum ist es ein lohnenswerter Ratschlag, die Prioritätenliste auf sechs Aufgaben pro Tag zu reduzieren. Aufgaben, die uns unserem Ziel tatsächlich näher bringen. Natürlich schließt dies das Erledigen von weiteren Alltagsverpflichtungen nicht aus, doch wenn wir nicht jeden Tag Raum für produktive, qualitative Aktivitäten schaffen, wuchern andere Aufgaben bald wie Unkraut in unserem Leben.

Der richtige Umgang mit Ablenkungen

Eine weitere Priorität stellt der Umgang mit Ablenkungen dar. Die erfolgreichsten Menschen haben gelernt, Störquellen so zu handhaben, dass sie ihre Vorhaben nicht länger untergraben. Das ist eine wichtige Eigenschaft und Fähigkeit, die wir uns alle aneignen können. Zwei sehr häufige Ablenkungen sind *Interessenskonflikte* sowie *zu viel Denken*. Die Ablenkung durch sich konkurrierende Interessen lässt sich durch Kenntnis und Befolgen der persönlichen Werte gut in Schach halten. Wenn wir wissen, wofür wir stehen und was uns wichtig ist, können wir entsprechende Grenzen setzen. Ohne solche Grenzen werden unsere Tage bald zur Türmatte für die Forderungen und Erwartungen anderer Menschen. Zu viel Denken hemmt unsere Produktivität auf gleiche Weise. Wir werden später klären, welche konkreten Schritte wir unternehmen können, um das Gedankenchaos zu verringern und produktive Gedanken zu vermehren.

Um Ablenkungen erst gar keinen Raum zu bieten, empfiehlt sich die Planung in *Blockzeiten*. Blockzeiten sind fest eingeplante Zeiten, die für eine bestimmte Aufgabe vorgesehen sind. Wie wir gesehen haben, bedeutet Produktivität alle Bereiche des Lebens im Auge zu behalten und für eine Harmonie zu sorgen. Und Produktivität bedeutet auch Planung. Wenn wir für jeden Lebensbereich die fünf Hauptschritte kennen, können wir daraus die Blockzeiten ableiten. Wenn einer der fünf Hauptschritte für die Gesundheit „drei Mal wöchentlich Fitnesstraining" beinhaltet, dann sollten im Terminkalender drei Blockzeiten fürs Fitnesstraining ersichtlich eingeplant sein. Zu viele Menschen überlassen ihre Prioritäten dem Zufall oder behandeln eingeplante Blockzeiten nicht mit dem nötigen Respekt. Schwammige Grenzen, Ausnahmen und Ausreden machen sie anfällig für andere Prioritäten. Selten handelt es sich dabei um produktive, qualitative Aktivitäten, sondern um Ablenkungen oder Prioritäten anderer Menschen.

Die Effektivität verzehnfachen

Effektivität bedeutet, unsere Aufgaben mit der größtmöglichen Gegenwart und Konzentration zu erledigen. Das ist für die meisten Menschen eine große Herausforderung. Eine Ursache haben wir bereits aufgedeckt: der falsche Umgang mit Störquellen. In der Tat gibt es jedoch weitere Faktoren, die unserer Effektivität in die Quere kommen. Die gute Nachricht ist, dass es in unserer Macht liegt, an diesen Stellschrauben gezielt zu drehen und dadurch unsere Effektivtät zu verzehnfachen. Wir können uns die positiven Auswirkungen, die dadurch entstehen klar ausmalen. Doch wie können wir unsere Effektivität verzehnfachen? Wir betrachten jetzt zehn Faktoren, die uns genau das ermöglichen:

Big Picture - Wir brauchen eine klare Vorstellung vom Endergebnis, das wir verfolgen. Bei dieser Übersicht (Big Picture) kann es sich um ein Etappenziel oder unsere Vision handeln.

Planung - Eine gute Planung ist eine der wichtigsten Voraussetzungen, um jeden Tag möglichst effektiv zu sein. Viele Menschen glauben, eine Planung sei wenn überhaupt für das berufliche Leben bestimmt. In Wirklichkeit zählt eine gute Wochen- und Tagesplanung zu einem erfüllten Leben.

Fokussierte Leistung - Das Gegenteil ist Multitasking oder der Versuch, viele Dinge gleichzeitig zu erledigen. Das ist einer der sichersten Wege, um unsere Effektivität zu vernichten. Das gilt für Männer wie Frauen. Die Lösung sind Blockzeiten, die wir für die Fertigstellung eines Projekts, Ziels oder einer Vision einplanen.

Regelmäßige Pausen - Kurze Pausen nach 50 Minuten sind hoch wirksam, um die Konzentration und Effektivität hoch zu halten. Bewegung, bewusstes Atmen und ein Glas stilles Wasser runden die Pause ab und befreien mehr Energie.

Das Tagesvolumen schlank halten - Worunter die Effektivität enorm leidet, sind überfüllte Aufgabenlisten, die selbst die effektivsten Menschen nicht meistern können. Darum sollten wir uns lieber auf weniger Punkte konzentrieren und diese mit der bestmöglichen Einstellung erledigen.

Positive Einstellung - Unsere Effektivität ist eng verknüpft mit unserer inneren Einstellung. Wenn wir Aufgaben mit Widerwillen erledigen, erhöht sich unsere Fehlerquote. Es lohnt sich also, uns vor jeder Arbeit/ Aktivität positiv einzustimmen.

Ablenkungen minimieren - Der größte Feind der Effektivität sind Ablenkungen. Der richtige Umgang mit Ablenkung und Störquellen ist der Schlüssel.

Den Geist erfrischen - Regelmäßige Bewegung, Atemübungen und Meditation sind wundervoll, um unseren Geist frisch zu halten und unsere Effektivität um ein Vielfaches zu steigern.

Die Leistung anerkennen - Nichts kann unsere Effektivität mehr drosseln als die eigene, fehlende Anerkennung unserer täglichen kleinen und großen Leistungen.

Leistungsbeurteilung - Wenn wir definieren, was effektiver für uns bedeutet, können wir unseren Fortschritt mindestens am Ende der Woche messen. Zudem behalten wir dadurch die Schlüsselbereiche für die Steigerung der Effektivität im Auge und können rechtzeitig Anpassungen vornehmen.

Können diese zehn Punkte wirklich unsere Effektivität verzehnfachen? Die Antwort ist ja. Wissenschaftliche Studien zeigen, dass sogar regelmäßige Pausen mit einer einminütigen Entspannungsübung verblüffende Auswirkungen auf unser Gehirn haben. Namentlich wurde eine gesteigerte Aktivität in verschiedenen Bereichen der Großhirnrinde gemessen, die entscheidend für die Sprachbildung, Kommunikation, Stimmungsregulation, Entscheidungsfindung und das soziale Bewusstsein sind.[17] Durch das Verlängern der Entspannungsübung werden zusätzliche Gehirnareale aktiviert, die uns ermöglichen fokussierter und aufmerksamer zu arbeiten.[18] Die Menge an Kortisol nimmt ab, wodurch unser Grad an biologischem Stress reduziert wird.[19]

Beharrlichkeit ist der Schlüssel

Eine hohe Effektivität alleine stellt nicht sicher, dass wir unsere Träume verwirklichen. Ohne vorhandene Ausdauer geben die meisten Menschen ihre Ziele verfrüht auf. Napoleon Hill, der von Andrew Carnegie, einst der reichste Mensch der Welt, beauftragt wurde, die Erfolgsprinzipien von 500 Millionären der damaligen Zeit zu studieren, widmet in seinem sensationellen und 1937 erschienenen Buch „Denke nach und werde reich“ aufgrund der Wichtigkeit ein gesamtes Kapitel der *Ausdauer*. Alle 13 Gesetze des Erfolgs sind das Ergebnis seiner zwanzigjährigen Recherchen und Analysen durch den Austausch mit erfolgreichen Persönlichkeiten, darunter Henry Ford, Charles M. Schwab, Thomas A. Edison und Edwin C. Barnes.

Zwei wichtige Werkzeuge der Überflieger

Hill schreibt, dass die überdurchschnittlich entwickelte Ausdauer und Willenskraft die Werkzeuge sind, mit deren Hilfe die Erfolgsmenschen ihre Ziele mit Sicherheit erreichen. Die meisten Menschen hingegen geben ihre Vorhaben bereits bei den ersten Schwierigkeiten wieder auf, weil nur wenige trotz Widerständen und Hindernissen an ihren Zielen festhalten. Hill verweist auf eine wichtige Unterscheidung: „Ausdauer darf nicht mit unbelehrbarem Beharren auf dem einmal eingeschlagenen Kurs verwechselt werden." Denn Widerstände und Hindernisse können sich durchaus als Hinweise für die Notwendigkeit einer Kurskorrektur erweisen. Auch heute ist dieser Ratschlag genauso wichtig wie damals.

Viele Branchen müssen umdenken, sich erweitern oder sogar neu erfinden. Und für jeden einzelnen kann dies berechtigterweise bedeuten, dass er zusätzliche Standbeine aufbaut, um die nötige Flexibilität zu bewahren. Hill definiert Ausdauer als „das Ziel nicht aus den Augen lassen und unablässig das als jeweils nötig Erkannte tun." Er kam zum Schluss, dass mangelnde Ausdauer eine der häufigsten Ursachen des Misserfolges ist. Laut Hills Recherchen ist Beharrlichkeit eine Geisteshaltung, die wir alle erlernen können, wenn wir die folgenden acht Voraussetzungen beachten.

- Zielstrebigkeit - eine klare Kenntnis (ein klares inneres Bild) des Ziels.
- Verlangen - Je stärker das Verlangen, desto leichter fällt es uns, beharrlich darauf hinzuarbeiten.
- Selbstvertrauen - Ein unerschütterliches Vertrauen in die eigene Kraft und Fähigkeit, das Ziel zu erreichen.
- Sorgfältige Planung - Sie erleichtert uns nach einem etwaigen Fehlschlag wieder Kurs aufzunehmen.
- Fundierte Kenntnisse - Sie geben uns die Sicherheit auf einem festen Grund zu stehen.
- Zusammenarbeit - In Begleitung motivierter „Mitwanderer" lässt sich der lange Weg zum Ziel leichter bewältigen.
- Willenskraft - Sie ermöglicht uns an unserem Vorhaben festzuhalten und unseren Weg weiterzuverfolgen, wenn eine schwere Niederlage vorübergehend unsere Motivation raubt.
- Gewohnheit - Fehlende Willenskraft lässt sich durch die Macht der Gewohnheit kompensieren, indem wir uns angewöhnen, jede noch so bedeutungslos erscheinende Aufgabe zu Ende zu führen.

Hill untermauert: „Wer unermüdlich weiterkämpft und sich von keinem Hindernis abschrecken lässt, gelangt irgendwann auf seinem Weg zu einer Erkenntnis, die noch weit wertvoller ist als alle Schätze dieser Welt. Er erkennt nämlich, dass „jede Widrigkeit den Keim eines ebenso großen Vorteils in sich trägt". Mit seinen vier „Schritten zur Ausdauer" können wir unsere Beharrlichkeit steigern:

- Ein klares Ziel und das unumstößliche Verlangen, dieses Ziel tatsächlich auch zu erreichen.
- Ein gründlich ausgearbeiteter Plan, der so sorgfältig auf unsere besonderen Neigungen, Fähigkeiten, Möglichkeiten und Zielvorstellungen zugeschnitten ist, dass er uns gleichsam mitzieht.
- Der feste Wille, sich allen negativen und entmutigenden Einflüssen und Einflüsterungen – auch und vor allem von Seiten unserer Verwandten, Freunde und Bekannten – konsequent zu verschließen.
- Eine enge, freundschaftliche Beziehung zu einem Mensch – oder einer Gruppe von Menschen –, die uns tatkräftige Unterstützung und moralischen Rückhalt bieten.

Die innere Haltung ist entscheidend

Wie gut wir uns auch vorbereiten, Prioritäten setzen, sie befolgen und beharrlich an unserem Weg festhalten, ohne die richtige innere Einstellung führen alle Anstrengungen nicht zum Ziel. Wenn wir z.B. unsere Idealfigur erreichen möchten und mit dem regelmäßigen Training beginnen und eine Ernährungsumstellung vornehmen, werden wir unser Ziel nicht erreichen, solange wir unbewusst glauben, „Ich bin zu dick", „Mein Stoffwechsel arbeitet zu langsam", „Abnehmen ist schwierig und zu anstrengend". Unsere Handlungen werden durch eine solche Haltung mit Zweifeln vermischt und führen letztlich zum Versagen. Auch Napoleon Hill verweist darauf:

»Voraussetzung jeglichen Erfolgs ist nämlich, dass wir unsere drei Todfeinde – Unentschlossenheit, Zweifel und Angst – erkennen und besiegen.«

Die Energie, die wir zu Beginn einer Handlung und Aktivität in sie hineinbringen, ist unweigerlich auch im Endergebnis enthalten. Denn Energie wird niemals kreiert oder zerstört. Sie *ist*. Sie fließt durch uns und wird durch uns gefiltert. Erst durch unsere innere Haltung gewinnt sie eine positive oder negative Flussrichtung. Die richtige innere Haltung bildet also das Fundament für die Produktivität und Effektivität und stellt sicher, dass wir längst vor dem Erreichen des Ziels Erfüllung auf unserem Weg erleben.

Was die Lebensaufgabe beinhaltet

Wir haben gesehen, dass Produktivität und Effektivität verbunden mit Erfüllung zu Fortschritt führt. Erfüllung kommt dadurch zustande, dass wir unsere Lebensaufgabe definieren und durch produktive und effektive Schritte verfolgen und weiterentwickeln. Darum merken wir uns:

Lebensaufgabe + (Produktivität + Effektivität) = Erfüllung

Der gemeinsame Nenner

Jeder Mensch hat eine auf ihn einmalig zugeschnittene Lebensaufgabe, die er durch das Definieren immer mehr zum Ausdruck bringen kann. Ein wesentlicher gemeinsamer Nenner jeder beliebigen Lebensaufgabe ist das *Gegenwärtigsein*. Je mehr wir im Jetzt leben, desto mehr ruhen wir in unserer Kraft und schließlich in unserer Lebensaufgabe. Hermann Hesse sagte einmal treffend: „Der wichtigste Beruf des Menschen ist, zu sich zu kommen.“ Viele Menschen verpassen die Gelegenheit, ihrer Lebensaufgabe in der Hektik und Routine ihres Alltages nachzugehen. Sie verwünschen den jetzigen Augenblick, weil sie glauben, ihre Aufgabe noch nicht gefunden zu haben oder Dinge tun zu müssen, die ihnen keine Freude bereiten. Dabei bietet jede beliebige Aktivität und Aufgabe jetzt die Möglichkeit, immer mehr in die Lebensaufgabe hineinzuwachsen. Der Weg ist das Gegenwärtigsein. Wenn wir bemüht sind, alle Schritte gegenwärtig zu machen, indem wir unsere volle Aufmerksamkeit auf die Aufgabe lenken anstatt sie geistesabwesend zu erledigen, beseitigen wir das größte Hindernis, das zwischen uns und unserer Lebensaufgabe steht: Den Irrglauben, dass die Lebensaufgabe in der Zukunft wartet und unser alltägliches Leben wenig oder nichts damit zu tun hat.

Unser jetziges Leben *ist* der Schlüssel, um unsere Lebensaufgabe zu definieren und in sie hineinzuleben. Was die meisten Menschen hindert, gegenwärtig zu sein, sind die vielen störenden Gedanken, die ihnen ständig durch den Kopf gehen und die ihnen nicht ermöglichen, in der Stille zu sein. Stille ist das Tor zur

Gegenwart. Und präsent sein ist eine erlernbare Fähigkeit. Ohne gegenwärtig zu sein, können wir unsere Lebensaufgabe zwar leben, doch wahre Erfüllung finden wir nur im Hier und Jetzt.

Stille anstatt zu viele Gedanken

Gegenwärtig sein bedingt zu lernen, wie wir auf Knopfdruck abschalten. Menschen, die ständig grübeln und ihren Gedankenfluss nicht unter Kontrolle haben, haben sich als schlechte Problemlöser entpuppt, weil sie sich nur schwer konzentrieren und motivieren können. Wenn wir lernen, den Gedankenfluss bewusst zu stoppen, beginnen wir automatisch gegenwärtiger zu sein. Die folgenden Strategien ermöglichen uns, immer mehr in einem geistigen Zustand der Stille zu ruhen. Wie wir bereits gesehen haben, sollten wir als erstes aufhören uns mit anderen Menschen zu vergleichen. Denn wie oft fällt ein Vergleich positiv zu unseren Gunsten aus? Richtig, meistens vergleichen wir uns nicht auf Basis der Selbstliebe, Anerkennung des eigenen Erfolgs und Würdigung unseres persönlichen Weges. Unsere Vergleiche sind zerstörerisch und suggerieren, dass wir erst hier sind während andere viel weiter sind; dass andere schon diesen und jenen Erfolg hatten, während wir viel weniger erreicht haben; dass andere viel fitter als wir sind; dass andere viel bekannter sind und es für uns deswegen schwieriger ist.

Die meisten unserer Vergleiche sind nicht positiv für unser Wachstum, so dass wir darauf gänzlich verzichten dürfen. Sie verursachen zu viele Gedanken über die angebliche Unzulänglichkeit unserer Situation und

Person, über die wir uns den Kopf zerbrechen können. Wenn wir aufhören, uns mit anderen zu vergleichen, schaffen wir eine wichtige Grundvoraussetzung, um den negativen Gedankenfluss gezielt immer mehr zu unterbrechen.

Die meisten Menschen kommen nach einem Arbeitstag mit der guten Absicht, Zeit mit ihrer Familie oder sich selbst zu verbringen, nach Hause. Stattdessen können sie nicht abschalten und ihre Energie ist so aufgebraucht, dass sie sich gerade noch vor den Fernseher setzen oder sich mit dem Handy beschäftigen können. Sie lassen sich von einer mehr oder minder positiven Informationsflut zudröhnen. Sie spüren durchaus, dass sie ihre Gedanken dadurch nicht stoppen können und sie fühlen sich unruhig. Im Innersten wissen sie, dass ihre Kinder Zeit mit ihnen verbringen wollen, sich ihr Mann oder ihre Frau einen gegenwärtigen Austausch wünscht oder Qualitätszeit mit sich selbst dringend nötig ist. Doch so sehr sie es wollen, die Gedanken haben sie im Griff, so dass sie unmöglich abschalten können.

Serotoninhoch durch Bildschirmzeit

Es gibt zwei Arten von Bildschirmzeiten: interaktiv und passiv. Diese Typen beeinflussen unser Gehirn und unsere Biologie auf überraschend unterschiedliche Weise. Fernsehen fällt in die Kategorie der passiven Bildschirmzeit – wir schauen es uns an, aber wir nehmen nicht teil, wir sitzen nur und werden unterhalten. Diese passive Unterhaltung fordert unser Gehirn auf, Serotonin herzustellen, das Glückshormon, das uns zufrieden fühlen lässt. Wenn wir fernsehen, geht unser Gehirn auf Hochtouren und pumpt Serotonin wie verrückt aus, wodurch der Couch-Potato-Effekt entsteht.

Das Problem ist, dass zu viel von dieser künstlichen Serotoninproduktion unsere Serotoninrezeptoren weniger empfindlich macht. Es wird schwieriger, uns in der natürlichen Welt zu unterhalten. Dinge, die uns früher zufriedenstellten, wie lange Fahrten oder großartige Bücher, sind weniger angenehm, weil unsere Serotoninrezeptoren weniger empfindlich sind. Dies kann zu Stimmungsschwankungen und sogar Depressionen führen, die uns ohne ein paar Wochen Bildschirm-Fasten immer mehr einnehmen können.

Es wäre naheliegend zu denken, dass Serotonin uns helfen würde, uns genug zu entspannen, um soziale Situationen zu genießen. Aber soziale Angst scheint mit der Gehirnleistung zusammenzuhängen, die für die Verarbeitung sozialer Situationen erforderlich ist. Dies bedeutet nicht, dass Menschen, die unter sozialer Angst leiden, keine Intelligenz haben, sondern dass ein Überschuss an Serotonin ihr Gehirn davon abhalten kann, Gespräche selbstbewusst zu führen. Hier ist der Grund: Es stellte sich heraus, dass der soziale Austausch eine der kompliziertesten Aufgaben für unser Gehirn darstellt. Es erfordert ein Maß an Aufmerksamkeit, Konzentration und Problemlösung, das nur wenige andere Aufgaben von uns verlangen. Wir müssen verstehen, was gesagt wird, die Körpersprache lesen, den Tonfall und all die kleinen sozialen Nuancen, die damit einhergehen, richtig einordnen. Kurzum, eine Meisterleistung. Unser Gehirn kann nicht mithalten, wenn es ständig auf einem Serotoninhoch läuft, denn es scheint, dass zu viel Serotonin in unserem Körper das Problem der sozialen Angst tatsächlich verschlimmern kann.

Eine kleine Anpassung der Gewohnheit, durch Bildschirmzeit abzuschalten, kann viel bewirken. Anstatt uns mit einer negativen Sache wie dem Zudröhnenlassen abzulenken, würde das Ablenken mit einer positiven Sache das Gedankenchaos ordnen. Wenn wir nicht aufhören können über Probleme, die Arbeit oder andere Dinge nachzudenken, bietet z.B. der Austausch mit dem Lebenspartner oder einer guten Freundin eine erwünschte Ablenkung. Positive Fragen wie „Wie war dein Tag?“, „Was hast du heute Schönes erlebt?“ oder „Was möchtest du als nächstes in deinem Leben erreichen?“ führen zu einem Gespräch, das uns in eine Aktivität verwickelt, die uns nicht nur von negativen Gedanken ablenkt, sondern uns in einen Strudel von positiver Energie zieht. Der Raum für störende Gedanken ist dadurch nicht länger vorhanden.

Auch das Eintauchen in positive Musik, das Lesen eines inspirierenden Buches, ein Spaziergang in der Natur oder Meditieren sind erwünschte Ablenkungen. Wichtig dabei ist, dass wir uns vollständig auf die positive Ablenkung einlassen und ihr unsere gesamte Aufmerksamkeit schenken. Diese Art von Ablenkung bedeutet nicht, Probleme wegzuschieben oder negative Emotionen zu unterdrücken. Doch es gibt tatsächlich Momente, in denen das sinnvolle Ablenken von Negativität, zu viel Nachdenken und Grübeln die beste Wahl ist.

Noch mehr Stresshormone

Unter die interaktive Bildschirmzeit fallen Dinge wie Videospiele und soziale Medien – kurzum alles, woran wir aktiv teilnehmen müssen – und sie spielt eine große Rolle, wie unser Gehirn die Ausschüttung von Hormonen reguliert. Während dieser Aktivitäten wird das Stresshormon Kortisol verstärkt freigesetzt. Von der Natur entwickelt, um uns in Situationen, in denen wir mit der Außenwelt interagieren müssen, in Bereitschaft zu versetzen, löst ein erhöhter Kortisolspiegel die Flucht-oder-Kampf-Reaktion in uns aus. Wir fühlen uns gestresst. Wenn wir uns zu oft mit sozialen Medien oder Videospielen beschäftigen, wird unser Kortisol-Schalter ständig umgelegt, was zu Reizbarkeit, Schlafstörungen und allen Arten von gesundheitlichen Problemen im Zusammenhang mit Stress wie Migräne und Muskelverspannungen führt.

Bildschirme, unabhängig davon, ob sie uns passive oder interaktive Unterhaltung bieten, strahlen sogenanntes blaues Licht ab, das zwar elektronisch produziert, aber von unserem Gehirn genauso wie Tageslicht verarbeitet wird. Dies bedeutet, wenn wir zu viel davon abbekommen, bringen wir unseren Schlafzyklus durcheinander. Dieser Effekt ist nicht förderlich, denn der Melatoninspiegel (das Schlafhormon) nimmt ab einem Alter von 25 Jahren deutlich ab. Die Ärztin, Victoria Dunckley, erklärt in „Psychology Today“: „Nur wenige Minuten Bildschirmstimulation können die Melatoninfreisetzung um mehrere Stunden verzögern und die Körperuhr desynchronisieren. Sobald die Körperuhr gestört ist, treten alle möglichen anderen ungesunden Reaktionen auf, wie z. B. Hormonstörungen und Gehirnentzündungen.“ Eine Möglichkeit, um diese Auswirkungen zu verringern sind Brillen, die blaues Licht blockieren.

Stress durch die Ernährung

Bildschirme sind nicht die einzigen Auslöser von Stress. Wissenschaftliche Forschungen verbinden einen zu hohen Stresshormonpegel zunehmend auch mit der Ernährung. Ausgelaugt von einem anstrengenden Arbeitstag, greifen viele Menschen zu einer Belohnung. Ein Snack scheint eine willkommene Möglichkeit zu sein, uns am Ende des Tages etwas zu gönnen. Aber wenn die Lebensmittel, für die wir uns entscheiden, zuckerhaltig oder mit raffinierten Kohlenhydraten beladen sind, können wir dadurch tatsächlich gestresster werden - sowohl kurzfristig als auch langfristig.

„Wenn wir uns gestresst fühlen, suchen wir nach Lebensmitteln, die uns sofort trösten, aber oft führen diese Lebensmittel zu einem Anstieg und einem Absturz von Hormonen und Blutzucker, die unsere Anfälligkeit für neuen Stress erhöhen“, so David Ludwig, Professor für Pädiatrie und Ernährung an der Harvard University und ein Forscher am Boston Children‘s Hospital. Die Ursache kann durch den glykämischen Index erklärt werden, der misst, wie schnell Zucker aus Lebensmitteln in den Blutkreislauf aufgenommen werden.

Je höher der glykämische Index der Lebensmittel, desto schneller steigt der Blutzuckerspiegel an und stürzt dann ab. Je niedriger das Lebensmittel im Index, desto mehr Energie liefert es im Laufe der Zeit, ohne dass der Blutzucker schnell ansteigt oder abfällt. Zusammen mit dem Blutzuckerabsturz steigt der Spiegel an Stresshormonen wie Adrenalin und Cortisol. Zu viele negative Gedanken und Gefühle führen zu einer zusätzlichen Ausschüttung von Stresshormonen, während diese gleichzeitig innere Unruhe, Anspannung und Angst begünstigen. Es handelt sich um eine Negativschleife, die das Gegenwärtigsein erschwert und die wir tatsächlich mit unserer Willenskraft durchbrechen können.

Den Kreislauf durchbrechen

Der wichtigste Schritt liegt darin, dass wir unseren Gedankenfluss bewusst stoppen. Wenn wir beobachten, dass wir zu viel oder negativ denken, können wir uns angewöhnen, diese Gedanken vehement aufzuhalten, indem wir „Stopp!“ rufen. Wir sind die Meister unserer Gedanken und bestimmen, welchen Gedanken wir mehr oder weniger Bedeutung und Gewichtung schenken möchten. Oft lohnt es sich, unsere Gedanken von Hand aufzuschreiben, um sie nicht länger im Kopf zu haben. Dazu zählen auch die Aufgaben und Prioritäten, die wir uns für heute vorgenommen haben. Solange wir sie nicht aufschreiben, schwirren sie ungreifbar im Raum umher und die Wahrscheinlichkeit, dass wir uns überfordert fühlen und sie nicht umsetzen werden, steigt drastisch an. Durch das Aufschreiben schaffen wir mehr Raum, um Beobachter der Stille zu werden, die sich in jedem Augenblick in uns befindet. Diese Stille können wir umso mehr durch die regelmäßige Meditation erleben. Für die besten Ergebnisse werden zwei 20-minütige Meditationen täglich empfohlen.

Mich fasziniert das Meditieren seit meinem 18. Lebensjahr, doch ich begann erst 2005 mit mehr oder weniger regelmäßigen Meditationen. Im Januar 2017 entschied ich mich, das tägliche Meditieren zu einem „Fixtermin“ für die Dauer meines Lebens zu machen. Bis heute verging kein einziger Tag, an dem ich nicht mindestens 20 Minuten lang meditierte. Und diese Gewohnheit führe ich fort, denn tägliches Meditieren hat wesentlich dazu beigetragen, dass ich inneren Frieden und Erfüllung gefunden habe. Viele Menschen sind der Meinung, dass sie nicht meditieren können, weil ihnen zu viele Gedanken durch den Kopf gehen und sie nicht zur Ruhe kommen können.

Gedankenleere ist nicht das Ziel

In der Tat ist die Gedankenleere weder eine Voraussetzung, um erfolgreich zu meditieren noch das Ziel der Meditation. Gedankenleere ist die automatische Folge der kontinuierlichen, täglichen Meditation. Die Wahrheit ist, jeder Mensch kann meditieren. Wir brauchen uns lediglich aufrecht hinzusetzen, die Augen zu schließen und uns auf den Atem zu konzentrieren. Wenn wir abdriften, lenken wir unsere Aufmerksamkeit erneut auf das Ein- und Ausatmen. Ob uns tausende Gedanken durch den Kopf gehen oder wir das Gefühl haben, dass wir uns nicht entspannen können, ist nicht bedeutsam. Durch das bewusste Beobachten des Atems rauben wir den Gedanken die einzige Kraft, die ihnen ihre schöpferische Wirkung gibt: unsere Aufmerksamkeit.

»Zu viel Grübeln oder negative Gedanken rühren oft daher, dass wir nicht handeln.«

Wir stehen vor diesem riesigen Berg, den wir besteigen möchten und fühlen uns überfordert. Dieser Berg kann ebenso gut für das Haus, das ausgemistet werden soll, sowie das Buch, das wir schreiben oder das Gewicht, das wir verlieren möchten, stehen. Das Aufschieben führt zu Zweifeln und die Gedanken kreisen immer mehr um „Wie soll ich es jemals schaffen?", „Mir fehlt die Zeit, Erfahrung und das Geld" oder „Ich weiß nicht, wo ich beginnen soll." Diese Unsicherheit verdichtet sich immer mehr zu einem perfekten Gedankenchaos, das innere Ruhe unmöglich macht. Stattdessen können wir uns auch fragen: „Was ist der kleinste, mögliche Schritt, den ich jetzt umsetzen kann?" Wenn wir ihn befolgen, lösen sich alle belastenden Gedanken wie von selbst auf. Fassen wir die sechs Schritte zusammen:

1. Aufhören uns zu vergleichen
2. Ablenkung mit einer positiven Sache
3. Gedanken stoppen
4. Gedanken aufschreiben
5. Tägliche Meditation
6. Handeln

Jeder dieser genannten Schritte bedingt, dass wir beginnen unsere Gedanken immer bewusster zu beobachten. Es ist offensichtlich, dass eine Strategie nur so effektiv wie der Grad an unserer Achtsamkeit sein kann. Achtsamkeit ist eine Fähigkeit, die wir durch regelmäßige Anwendung meistern können und sollten, um im Jetzt zu leben. Die heutige Technik bietet faszinierend einfache Möglichkeiten, um genau dieses Ziel zu erreichen. So z.B. die „Mindfulness Bell“ App.

Diese App ermöglicht uns, das Abspielen eines Klangschalengongs einzuplanen. Bei mir erklingt täglich zwischen 7:00 Uhr und 22:00 Uhr stündlich zwei Mal zufällig ein Gong. Die Aufgabe besteht darin, die volle Aufmerksamkeit auf den Klang zu lenken und am Ende für einige Sekunden die Stille bzw. die Geräusche, die die Stille füllen, zu beobachten. Durch dieses bewusste Hinhören schulen wir uns in der Achtsamkeit, eine der wichtigsten Fähigkeiten, um in der Stille – der Gedankenabwesenheit – zu sein. In diesem Sein beginnen wir nicht nur immer mehr in unsere Lebensaufgabe hineinzuleben, aus dieser Stille heraus erschaffen wir unser gesamtes Leben. Eine hervorragende Übung ist die Kombination des Gongs mit der körperlichen Entspannung. Das Lockerlassen der Muskeln führt zu einem Zustand der inneren Offenheit, der uns ermöglicht noch gegenwärtiger zu sein und die Wunder des Lebens zu empfangen.

Das Gehirn durch Sprechpausen entspannen

Andrew Newberg und Mark Robert Waldman zeigen eine weitere, für die Schnelllebigkeit der heutigen Zeit äußerst relevante wissenschaftlich fundierte Möglichkeit auf, durch das bewusste Sprechen störende Gedanken zu minimieren und gegenwärtig zu sein. Anstatt seinen Gesprächpartner mit einer gewaltigen Wortlawine zu überrollen, empfehlen Newberg und Waldman unter anderem das langsame Sprechen.

Angefangen mit einer Pause von ein bis drei Sekunden nach jedem gesprochenen Wort, erweitern sie die Übung auf eine Pause nach jedem Satz und schließlich drei Sätzen. Das ist nicht reine Spinnerei oder Zeitverschwendung. Im Gegenteil, ihre Studien zeigen, dass Pausen das Gehirn entspannen und dem Gesprächspartner ermöglichen, das Gesagte zu verstehen. Ohne Verständnis kann kein tiefes, mitfühlendes Gespräch stattfinden, was das gegenseitige Vertrauen belastet.

Durch Sprechpausen haben wir zudem die Möglichkeit, unsere Gefühle und Gedanken besser zu beobachten und die passenden Worte zu finden. Wir kennen alle die Warnung, „Denke bevor du sprichst." Das Problem dabei ist, dass aufgrund ihres Gedankenchaos die wenigsten Menschen genug Kapazität übrig haben, um sich wirklich im Vorfeld zu überlegen, was sie sagen wollen. Hinzu kommt, dass unsere Kommunikation ohne bewusste Kommunikationsschulung im zwölften Lebensjahr ihren Zenit erreicht hat, den die meisten Menschen ein Leben lang nur minimal überschreiten. Die meisten Menschen denken also lediglich, dass sie bewusst denken, werden in Wirklichkeit aber „gedacht". Wenn wir uns auch während Gesprächen Raum für Stille schaffen, indem wir Pausen einlegen und laut Newberg und Waldmans Empfehlung nicht länger als 30 Sekunden sprechen, bevor wir unseren Gesprächspartner zu Wort kommen lassen, tauchen wir immer mehr ins Gegenwärtigsein ein. Was uns dort erwartet, kann nicht in Worte gefasst werden. Jeder einzelne muss es für sich *erleben*.

Persönliche Werte weisen den Weg

Unsere Lebensaufgabe ist eine Aufgabe, die uns so sehr inspiriert, dass wir ihr nicht des Geldes oder der Anerkennung wegen nachgehen, sondern weil uns die Aufgabe selbst große Genugtuung schenkt. Die Psychologie spricht in diesem Zusammenhang von der intrinsischen Motivation, also einem inneren Antrieb frei von äußeren Belohnungen. Unsere persönlichen Werte spielen hierbei eine wichtige Rolle, denn sie sind wie einzelne Puzzleteile, die zusammengefügt Hinweise auf unsere Lebensaufgabe liefern. Es gibt keine richtigen oder falschen Werte, solange sie niemandem wirklichen Schaden zufügen. Die Liste umfasst Begriffe wie Zufriedenheit, Familie, Gesundheit, Gegenwart, Dankbarkeit, Schönheit, Erfolg, Kommunikation, Spiritualität und kann aufgrund ihrer Vielfalt niemals gänzlich erfasst werden. Viel wichtiger als die Definition oder Suche nach den richtigen Werten ist laut Forschungsergebnissen die regelmäßige Beschäftigung mit den innersten Werten. Persönliche Werte werden sowohl durch genetische wie auch äußere Einflüsse geformt und schenken uns Bedeutung und Bestimmung im Leben.[20]

Persönliche Werte liefern Hinweise

An der Universität von Kalifornien in Los Angeles haben Wissenschaftler zudem herausgefunden, dass das Reflektieren über die persönlichen Werte die neuroendokrinen und psychologischen Stressreaktionen niedrig halten kann.[21] Wenn wir uns täglich einige Minuten Zeit nehmen, um uns an unsere innersten Werte zu erinnern und einige Gedanken darüber zu machen, können wir die Gesundheit unseres Gehirns verbessern, uns vor einem Burnout bei der Arbeit schützen, unsere Neigung, über Niederlagen und Negatives zu grübeln, verringern und eine geringere, reaktive Abwehrhaltung bei der Konfrontation mit unangenehmen Informationen zeigen.[22] Das liegt laut Newberg und Waldman daran, dass wir uns weniger durch alltägliche Probleme ablenken lassen, wenn wir uns vor Augen führen, was uns im Leben wichtig ist.

Das Beschäftigen mit unseren innersten Werten beginnt mit den Fragen: „Wofür stehe ich?", „Was ist mir besonders wichtig?" und „Was sind meine innersten Werte?" Daraus lassen sich einige wenige Worte ableiten. Durch das regelmäßige Reflektieren dieser Fragen werden wir unsere innersten Werte entdecken. Sehr wahrscheinlich werden wir jeden Tag unterschiedliche Werte aufschreiben, doch mit der Zeit erkennen wir womöglich einen roten Faden. Als ich mir 10 Tage lang Gedanken über meine innersten Werte machte, bin ich immer wieder auf *Gegenwärtigsein* gestoßen. Längst davor haben mir meine Klienten immer wieder gesagt, dass sie durch meine Arbeit nebst vielen anderen Punkten eine Bewusstseinserweiterung erfahren haben, wodurch sie gegenwärtiger sind. Obwohl ich die Wichtigkeit des Gegenwärtigseins für mich als innersten Wert erst viele Jahre nach Beginn meiner Tätigkeit als Coach aufschrieb, schließt sich für mich offensichtlich ein Kreis. Unsere innersten Werte hinterlassen Spuren und wenn wir ihnen folgen, leben wir immer mehr in unsere Lebensaufgabe hinein. Lass uns in den nächsten 10 Tagen täglich einige Minuten Zeit nehmen, um über unsere innersten Werte nachzudenken und schauen, wo es uns hinführt.

Ein heißer Konflikt

Es gibt ein tief verankertes Dilemma, das durch zwei gegensätzliche Werte ausgelöst wird und viele Menschen daran hindert, ihrer Lebensaufgabe zu folgen. Und zwar das Verlangen nach Sicherheit auf der einen und das Streben nach Wachstum auf der anderen Seite. Das menschliche Bedürfnis nach Sicherheit hat sich regelrecht zu einem gesellschaftlichen Standard entwickelt, durch den wir uns Kontrolle über das Leben erhoffen. Die Menschheit ist so bedacht, jegliche Form von Unsicherheit zu bekämpfen, dass wir nicht länger verstehen, dass Veränderung die einzige Konstante im Leben bildet. Sicherheit ist wichtig, doch es kommt auf die Art und Weise an, wie wir uns darum bemühen. Der Versuch, durch einen sicheren Job, Geld auf dem Sparkonto, die Bindung durch die Ehe, Impfungen, Diplome oder Kontrollsucht bis hin zur Manipulation und Herabwürdigung, unser Leben auf einen stabilen Untergrund zu stellen, geht für Millionen von Menschen nicht auf.

Ehescheidungen, Krankheiten, finanzielle Einbußen und Kündigungen oder politische Veränderungen und Einschränkungen haben sie trotz besten Strebens nach Sicherheit völlig unerwartet und unvorbereitet in die Unsicherheit getrieben. Und diejenigen, die ihre Sicherheit in oben genannten Äußerlichkeiten gefunden und sie bis heute nicht verloren haben, haben keine wirkliche Sicherheit gewonnen. Sie haben sich in einer bequemen Box eingenistet, in der sich ihr Leben abspielt. Obwohl sich die Box bequem und gewissermaßen sicher anfühlt, wissen sie unbewusst, dass sie keine tatsächliche Kontrolle bietet.

Das Abschirmen gegen Risiken und unerwünschte Veränderungen oder Verluste gleicht dem Seilziehen gegen einen unbekannten Gegner. Die Anstrengung ist groß und der Lohn niemals tiefe Erfüllung, sondern ein steter innerer Kampf gegen den emotionalen Kontrollverlust. Ihr Leben in der Box ermöglicht ihnen, das zu haben, was sie zum Leben brauchen, aber nicht annähernd das, was sie sich von Herzen wirklich wünschen.

Ein sicheres Leben anzustreben fühlt sich bis zu einem gewissen Grad bequem an, doch zunehmend werden die Druckstellen immer deutlicher. Um nicht Gefahr zu laufen, aus der Box ausbrechen zu müssen, machen sie sich selbst die einfachen Dinge schwer. Ihr Leben gleicht einer Anreihung von Problemen, die sie lösen müssen. Das ist kein Zufall, sondern eine unbewusst gewählte Strategie, um sich nicht verändern zu müssen und gleich bleiben zu können. Ein ungeahntes Spiel, das ihnen Sicherheit und Stabilität vorgaukelt, wo in Wirklichkeit nur eine Konstante regiert: Unsicherheit.

Vernon Howard teilt in „The Power of Your Supermind" eine sehr kraftvolle Lektion: „Sicherheit kann nicht aufgrund von etwas existieren. Wenn sie eine Ursache hat, ändert sich diese Ursache früher oder später und zieht die Plattform unter deinen Schuhen hervor. Sicherheit ist [vorhanden], wenn du überhaupt keine Sicherheit hast, keine Anhänge, nichts, woran du dich festhalten kannst. Hab keine Angst, unsicher zu sein. Ungewissheit, geduldig ertragen, führt zu Gewissheit. Hier ist ein großes Rätsel. Wenn du unsicher sein kannst und keine Gewissheit verlangst, wenn du die Dinge nicht auf eine Weise erzwingst, von der du annimmst, dass sie deinen Druck entlastet, wenn du dich mit deiner Unsicherheit vollkommen wohlfühlst, bist du sicher. Du kannst die ganze Welt besitzen, aber dein Eigentum kommt, wenn es dir egal ist, ob du sie besitzt oder nicht. Aber es gibt keine Sicherheit im Besitz, sondern genau das Gegenteil - Angst. Wenn du nichts hast, hast du alles."

Sicherheit oder Wachstum

Was wäre, wenn es in der Tat einfach ist? Was müsste sich verändern? Die Antwort lautet: „Die Bedeutung, die wir dem Leben geben." Das Streben nach Sicherheit auf Kosten des Wachstums verhindert, dass wir jemals den Mut fassen, aus unserer Box zu springen und in unsere Lebensaufgabe hineinzuleben. Solange wir Sicherheit der Unsicherheit vorziehen, werden wir unbewusst dafür sorgen, dass wir uns nicht verändern müssen. Dabei schrecken wir nicht einmal davor zurück, uns Steine in den eigenen Weg zu legen. Denn Hindernisse können als willkommene Erklärung dienen, warum wir uns nicht verändern können. Natürlich ist das ein Vorwand, um sich nicht der Unsicherheit der Veränderung stellen zu müssen.

»Menschen, die ihre Lebensaufgabe leben, haben anstelle von Sicherheit *Wachstum* zu ihrem wichtigsten Wert gemacht.«

Sie haben ihr Bedürfnis nach Sicherheit nicht verloren, doch sie haben gelernt, sich mit der Unsicherheit wohlzufühlen. Wie oft haben wir gehört, dass andere Menschen von kühnen Plänen und Träumen abrieten, weil sie unsicher seien? Und es ist kein Geheimnis, dass wir selbst schon ein Ziel aufgegeben haben, weil wir nicht bereit waren, die angebliche Sicherheit aufzugeben. Wirkliche Sicherheit finden wir nicht im Außen oder durch Äußerlichkeiten. Die Sicherheit, nach der sich jeder Mensch sehnt, liegt in uns.

Wachstum bedeutet Risiken eingehen

Wenn wir uns für unsere Lebensaufgabe entscheiden, ist es unumgänglich, dass wir Risiken eingehen werden. Wir werden emotionale, finanzielle und zwischenmenschliche Risiken eingehen, denn ohne die Bereitschaft zu wachsen, können wir unsere Lebensaufgabe niemals voll ausschöpfen. Wachstum bedeutet Risiken eingehen. Halbherzige Entscheidungen oder offene

Hintertüren verhindern unser Wachstum, denn ohne die Bereitschaft, die Sicherheit aufzugeben, werden wir uns niemals mit der Unsicherheit anfreunden können.

Die Angst vor dem Scheitern wird nicht durch die Unsicherheit eines mutigen Schrittes begründet, sondern durch den Irrglauben, dass uns das Aufgeben der Sicherheit – des Gefühls von Kontrolle – Unsicherheit beschert. Unsere Lebensaufgabe vereint unsere tiefsten, innersten Werte und bietet uns einen Rückhalt, den die meisten Menschen nie erleben. Lieber bewahren sie sich ihren Schein von Kontrolle als sich auf das Spiel mit dem Leben einzulassen.

Wirkliche Sicherheit beginnt dort, wo die Kontrolle endet. Mutige Überflieger haben ihre Lebensaufgabe zu einer größeren Sache als ihrem Bedürfnis nach Sicherheit gemacht. Wenn wir dem Leben wieder mehr Vertrauen entgegenbringen, indem wir uns nicht länger gegen Wachstum und Veränderung sträuben, gewinnen wir nicht nur wahre Sicherheit, sondern ebnen den Weg für ein Leben im Einklang mit unseren persönlichen Werten. Es ist wichtig, dass wir uns im Klaren sind, wo unser Verlangen nach Sicherheit verhindert, dass wir den nächsten Wachstumsschritt wagen, um noch mehr in unsere Lebensaufgabe hineinzuwachsen.

Die Lebensaufgabe beruht auf Geben

Das größte „Risiko“, das wir eingehen müssen, ist, uns verletzlich zu zeigen. Denn wenn wir unsere Lebensaufgabe leben, können wir in keiner Weise zurückhalten. Wir zeigen uns immer mehr so, wie wir wirklich sind. Erst wenn wir uns verletzlich zeigen, sind wir authentisch. Unsere Lebensaufgabe beruht auf dem *Geben*. Wir geben unser Vertrauen in eine Sache, die wir lediglich im Herzen spüren, ohne den genauen Weg zu kennen. Wir geben unsere Zeit, Energie und Aufmerksamkeit in eine Vision, die womöglich eine Nummer zu groß erscheint für uns. Wir geben eine neue Richtung vor, indem wir als Pioniere unserem persönlichen Lebensweg, der nicht allen Menschen passt, folgen. Wir geben alle Schutzhüllen auf, die uns sicher unter dem Radar des Durchschnitts gehalten haben und schreiten mutig voran ins Ungewisse.

Die Schreie des menschlichen Egos hallen durch unseren Geist. Schreie nach Sicherheit, Geld, Ansehen, Reichweite, Sichtbarkeit und Erfolg. Es ist ein verheißungsvoller Ruf, dem sehr viele früh zum Opfer fallen. „Mir fehlt die Erfahrung, das Geld, der Bekanntheitsgrad.“ Solche Ausreden stürzen uns in die gefährlichste Falle, die uns bei der Verwirklichung unserer Lebensaufgabe begegnen kann: Dem Irrglauben, dass wir mehr Geld, Klienten und Ressourcen brauchen, um erfolgreich zu sein. Menschen, die glauben, etwas zu brauchen, weil ihnen etwas fehlt, leben im Mangel. In Wirklichkeit ist jetzt alles vorhanden und wir müssen unser Bewusstsein erweitern, um die Möglichkeiten und Lösungen zu erkennen.

Der Kern unserer Lebensaufgabe beinhaltet einen positiven Beitrag, den wir für unser eigenes sowie das Wohl aller Lebewesen leisten. Im Mittelpunkt steht das Dienen, der persönliche Ausdruck von innen nach außen. Wenn wir dienen, lenken wir unsere Aufmerksamkeit auf das Geben und wenn wir geben bzw. uns voll in eine Sache hineinbegeben, empfangen wir. Die meisten Menschen halten sich aufgrund von Ängsten, Ausreden und Mangeldenken zurück und versuchen mit der ständigen Suche nach mehr Geld, Klienten, Ressourcen, Ansehen und Erfolg ihren selbst verursachten Mangel zu kompensieren. Sie fokussieren sich auf die Frage: „Wie kann ich mehr *bekommen*?"

Mehr ist nicht schlecht, denn das Leben strebt nach mehr Wachstum, doch im Unterschied zu mangeldenkenden Menschen, die davon ausgehen, dass ihnen etwas fehlt, entwickelt sich das Leben aus der Fülle heraus. Die Überzeugung, „Ich muss etwas empfangen, um erfolgreich und glücklich zu sein", entspringt der Idee, dass nicht genug vorhanden ist. Es handelt sich um ein Symptom eines geringen Selbstwertes. Lies diesen Absatz nochmals durch und dieses Mal noch aufmerksamer.

Das Verneinen des Ursprungs

Solange wir glauben, dass wir etwas empfangen müssen, um im Leben voranzukommen, verneinen wir gleichzeitig unseren Ursprung, unsere eigene Vollkommenheit. Jeder Schritt, den wir in diesem Zustand unternehmen, wird unbewusst von mangelnder Selbstliebe und der tiefen Überzeugung, dass wir nicht gut genug sind, angetrieben. In Wirklichkeit sind die Möglichkeiten, durch die wir unsere nächste Ebene von Fortschritt, Erfolg und Erfüllung erleben können, *jetzt* vorhanden. Sie befinden sich auf einer höheren Bewusstseinsebene und werden erst dann für uns sichtbar, wenn wir unser Bewusstsein erweitern.

Solange unsere Aufmerksamkeit bewusst oder unbewusst auf „empfangen" ruht, schrauben wir unser Bewusstsein herab, weil wir äußere Faktoren wie Geld, Menschen, die Wirtschaftslage oder Erfahrung für unseren Erfolg und Zufriedenheit verantwortlich machen. Um die nächste Ebene zu erreichen, müssen wir Gedanken und Gefühle wählen, die sich auf der Wellenlänge unserer Vision befinden. Es bedarf anderer Fragen, denn wir müssen *geben* und nicht empfangen. Die Frage „Was kann ich geben?" ist ein wichtiges Mantra, um in unsere Lebensaufgabe hineinzuleben.

Wir können unser Wissen, unsere Zeit, unsere Aufmerksamkeit, unsere Dienstleistungen und unsere Unterstützung geben. Was immer wir geben ist ein Ausdruck unserer Energie. Energie fließt immer zu ihrem Ursprung zurück. Was wir aussenden, kommt zurück, aber selten durch den Menschen, dem wir unsere Aufmerksamkeit schenkten. Wenn wir der Wahrheit ins Auge sehen, erkennen wir, dass nichts fehlt. Es gibt keinen Mangel außer in unseren Gedanken und Überzeugungen. Alles, was wir brauchen, ist jetzt vorhanden. Geben *ist* Empfangen.

Wenn wir von Herzen geben und uns *erlauben* zu empfangen, erkennen wir die Schritte, um in unsere Lebensaufgabe hineinzuleben. Alles, was dafür benötigt wird – das Geld, die richtigen Menschen, die Möglichkeiten – ist bereit sich zu zeigen. Wir entdecken es, indem wir das Bewusstsein durch die richtigen Fragen erweitern und im Anschluss den Mut fassen, den Sprung ins Ungewisse zu wagen.

Viele Menschen verpassen Möglichkeiten, weil sie zurückhalten und sich lieber am Strohhalm falscher Sicherheiten festklammern. Menschen, die ihre Lebensaufgabe leben, tun dies nicht zufällig. Sie waren bereit, in sich zu investieren und Risiken einzugehen, die andere vermeiden. Das Gesetz des Wachstums besagt, dass wir zuerst im Bewusstsein wachsen müssen, bevor sich der Herzensweg im Außen zeigt. Und wenn er sich zeigt, müssen wir unsere Komfortzone verlassen und ihm mutig und voller Vertrauen folgen. Es ist ein Sprung ins Ungewisse, doch wenn wir ihn wagen, wird uns das Leben tragen.

Im Wissen, dass jetzt alles vorhanden ist, brauchen wir uns nicht länger auf das Empfangen, sondern die Frage „Wie und wo kann ich geben?“ konzentrieren. Geben kann so einfach sein, wie wohlwollende Gedanken für unsere Mitmenschen zu entwickeln. Stell dir vor, wie viel positive Energie wir aussenden, wenn wir jedem Menschen, der uns begegnet, inneren Frieden, Liebe und Erfüllung wünschen. Denk daran: Energie fließt immer zu ihrem Ursprung zurück.

Verkaufen bedeutet Geben

Wenn wir im Verkauf oder Network-Marketing tätig sind oder Angst haben, verkäuferisch zu wirken und Verkauf und Empfehlungen, für die wir belohnt werden, immer noch als etwas Negatives oder Schwieriges sehen, sollten wir uns umso mehr mit dem Gesetz des Gebens beschäftigen. Doch nicht nur dann, denn in Wirklichkeit ist jeder Mensch im Verkauf tätig. Ohne zu verkaufen, können wir unsere Lebensaufgabe nicht leben, weil wir uns in sie hineingeben müssen. Verkauf ist Geben. In der Tat verkaufen wir niemals unsere Botschaft oder Dienstleistung, sondern wir schenken immer nur uns selbst.

Verkäuferisch wirken wir nur dann, wenn wir fälschlicherweise bewusst oder unbewusst davon ausgehen, dass wir verkaufen müssen, um etwas zu gewinnen. Gute Verkäufer der alten Schule glauben noch heute, dass sie durch Inszenierungen, Druck oder manipulative Verkaufsstrategien erfolgreich sein können. Und viele davon sind sehr gute Verkäufer und sie haben Erfolg. Was sie übersehen ist, dass ein Verkauf, der auf Überzeugen, Nachdruck oder Täuschung beruht, zwar die Kasse füllt, aber automatisch ein Vielfaches von der eigenen Erfüllung abbucht. Ihre innere Ausrichtung ist auf Gewinn ausgerichtet, wodurch sie sich ein Kartenhaus aufbauen. Viele dieser Kartenhäuser sind millionen- oder sogar milliardenschwer, doch sie befinden sich nicht im Einklang mit den universellen Gesetzen, was automatisch zu unnötigem Leid für alle Beteiligten führt.

Solche Verkäufer und Unternehmen stehen auf Treibsand und sinken immer tiefer, weil kein Erfolg der Welt jemals damit zu bemessen ist, was jemand erreicht, umgesetzt oder erhalten hat. Wer Erfolg darin sieht seine geglaubten Unzulänglichkeiten und seinen Hunger nach mehr Geld, Anerkennung, Sicherheit, Macht und Ansehen auf Kosten anderer zu befriedigen, ist nicht erfolgreich. Er ist ignorant und lässt sich von seinem kranken Geist führen. Seine Ignoranz und Unbewusstheit machen ihn nicht zu einem schlechten Menschen, aber sehr wohl zu jemandem, der schlafwandelnd durch sein Leben geht und früher oder später vor dem Scherbenhaufen seiner eigenen (unbewussten) Kreationen aufwachen wird.

Wahrhaftig zu verkaufen bedeutet *bedingungslos* zu dienen, weil wir erkannt haben, dass wir in Wirklichkeit nichts brauchen, da alles bereits vorhanden ist. Und so werden wir zu Türöffnern, die nicht länger damit Zeit verschwenden, jemanden zu drängen, zu überzeugen oder zu zwingen, durch die Tür hindurchzugehen. Wir werden nicht länger vom (Verkaufs)Ergebnis getrieben, sondern wir geben und lassen im Vertrauen los, weil wir durch unser Sein berühren. In diesem Bewusstsein sind wir in uns selbst zu Hause und hier gibt es keinen Mangel. Es kommt alles mit Leichtigkeit auf uns zu.

Der „Geben ist besser als Empfangen“-Mythos

Wenn wir viel geben, dann empfangen wir viel. Aber nur, wenn wir uns dafür öffnen. In der Tat ist es so, dass viele Menschen lieber geben als empfangen. Das ist allgemein als Helfersyndrom bekannt. Das Problem dabei ist nicht das Geben oder dass solche Menschen zu viel geben, sondern ihre fehlende Bereitschaft zu empfangen. Wenn wir nicht bereit und offen sind ebenso viel zu empfangen, wie wir geben, können wir irgendwann nicht länger von Herzen geben. Unbewusst beginnen wir zu geben, um endlich auch zu empfangen, und das ausgerechnet oft am falschen Ort. Bleibt das Empfangen aus, folgen Frust und Verbitterung.

Raymond Holliwell erklärt es in „Working with the Law" wie folgt: „So oft höre ich Leute sagen: „Nun, ich gebe, und manchmal, bis es wehtut, aber ich sehe selten ein Zeichen der Gegenleistung." Es gibt einen richtigen und einen falschen Weg zu geben. Es gibt ein sorgloses, impulsives Geben und es gibt ein sorgfältiges, wissenschaftliches Geben. Wenn wir einem Menschen oder einer Gruppe von Menschen geben, wo wir den Fortschritt verzögern, verschwenden wir unsere Substanz. Wo wir jemandem geben, der sich nicht anstrengt, sich selbst zu helfen, brauchen wir keine gute Gegenleistung zu erwarten.

Die Natur unterstützt keinen Parasiten oder Faulenzer, aber sie gibt ihre Energie denen, die sich nach vorne kämpfen. Sie lässt den Parasiten und den Faulenzer sehen, dass sie helfen wird, wenn sie sich bemühen, sich selbst zu helfen. Aber wie können wir, wenn wir einen Faulenzer in seiner Lage unterstützen, gute Renditen erwarten? Vielmehr wird der Faulenzer arrogant und fordert immer mehr Erleichterung, bis wir uns fragen, wo und wann es enden wird."[23]

Es gibt eine Reihe von Gründen, warum das Geben den meisten Menschen leichter fällt als das Empfangen. Psychologen nennen die folgenden fünf Gründe, die wir uns genauer anschauen.

Abwehr gegen Intimität

Es beginnt mit der wichtigen Tatsache, dass Empfangen Verbindung schafft. In dem Maße, in dem wir Intimität fürchten, können wir uns verbieten, ein Geschenk oder Kompliment anzunehmen. Das Priorisieren des Gebens gegenüber dem Empfangen kann nämlich eine Möglichkeit sein, Menschen fernzuhalten und unser Herz vor Verletzungen zu schützen.

Emotionaler Kontrollverlust

Wenn wir geben, haben wir in gewisser Weise die Kontrolle. Es mag leicht sein, ein freundliches Wort zu sagen oder jemandem Blumen zu kaufen, aber können wir uns erlauben, uns dem guten Gefühl hinzugeben, ein Geschenk zu erhalten? Und inwieweit kommt unser Geben tatsächlich aus einem großzügigen Herzen und fördert nicht nur unser Selbstbild durch den Anschein ein fürsorglicher Mensch zu sein? Wenn wir empfangen, erleben wir eine Art des emotionalen Kontrollverlusts. Das Empfangen lädt uns also ein, einen verletzlichen Teil von uns willkommen zu heißen. Wenn wir an diesem zarten Ort leben, sind wir empfänglicher für die Geschenke, die uns jeden Tag angeboten werden, z. B. ein aufrichtiges Dankeschön, ein Kompliment, ein warmes Lächeln oder ein unerwarteter Geldsegen.

Angst vor Ausnutzung

Es kann uns unangenehm sein etwas zu empfangen, wenn es beim Aufwachsen an bestimmte Bedingungen geknüpft war. Wir haben womöglich nur dann Komplimente erhalten, wenn wir etwas erreicht haben, wie z.B. sportliche Glanzleistungen oder gute Noten. Wenn wir das Gefühl haben, dass wir nicht für das akzeptiert wurden, was wir sind, sondern für unsere Leistungen, kann das Empfangen durch das anhaltende Bedürfnis nach Leistung gefärbt sein, was unangenehm ist. Wenn uns unsere Eltern benutzten, um ihre eigennützigen Bedürfnisse zu befriedigen, indem sie ihren Freunden unsere beste Seite präsentierten, können wir Komplimente unbewusst mit einer Ausnutzung gleichsetzen. Wir wurden dafür anerkannt, was wir tun und nicht dafür, wer wir wirklich sind.

Empfangen als Selbstsucht sehen

Infolge unterschiedlicher Konditionierungen können wir uns schämen zu empfangen, weil wir es für selbstsüchtig halten. Das Gegenteil davon ist der Glaube, dass wir mehr verdienen als andere, der auch heute bei vielen Menschen weit verbreitet ist. Die Gefahren des destruktiven Narzissmus sollten jedoch dem gesunden Narzissmus gegenübergestellt werden, der ein fundiertes Selbstwertgefühl und das Recht widerspiegelt, die Freuden des Lebens zu genießen. Mit Demut und Wertschätzung empfangen – im Rhythmus des Gebens und Empfangens leben – hält uns ausgeglichen und genährt.

Der Druck, sich erkenntlich zu zeigen

Ein selbst auferlegter Druck, etwas durch eine Gegenleistung auszugleichen, kann zu einer Empfangsblockade führen und eine Schutzhaltung sein, um niemandem etwas zu schulden. Womöglich vermuten wir unehrliche Motive und fragen uns: „Was wollen sie von mir?“ Unter der Annahme, dass Komplimente oder Geschenke Versuche sind, uns zu kontrollieren oder zu manipulieren, verteidigen wir uns vorsichtshalber gegen jegliches Gefühl der Verpflichtung oder Verschuldung, indem wir uns dem Empfangen nicht öffnen.

Offen sein zu empfangen

Wenn wir uns für das Empfangen öffnen, konfrontieren wir uns gleichzeitig mit unbewussten Glaubensmustern, die im Zusammenhang mit unserem Selbstwert stehen. Fragen, wie z.B. „Bin ich es wert?“, „Verdiene ich es?“, „Steht mir das zu?“, „Bin ich gut genug?“, machen sich bemerkbar. Es ist dieser Anteil in uns, der die Überzeugung, „Ich bin dumm bzw. mit mir stimmt wohl etwas nicht“, verursacht. Die Annahme, dass es an unserer Unzulänglichkeit liegt, führt zu Selbstbeschuldigung und Selbstverurteilung. Diese in den meisten Fällen unbewussten Anschuldigungen lösen ein Wechselspiel zwischen Hilflosigkeit/Ohnmacht und Frust/Wut aus. Durch den (unbewussten) Vergleich mit anderen Menschen degradieren wir uns zusätzlich durch Gedanken wie „Die sind besser, weiter, erfolgreicher“ selbst.

Die Folge ist einleuchtend: Die Überzeugung, „Ich bin dumm bzw. mit mir stimmt etwas nicht“, wird verstärkt und der Kreislauf beginnt ohne bewusstes Durchbrechen von vorne. Ein geringer Selbstwert kann sich auf unterschiedliche Weise zeigen, wobei vier besonders häufig sind. Es gibt Menschen, die viel empfangen und alles wieder ausgeben – oft auch gezwungenermaßen durch unerwartete Kosten, Rechnungen oder Forderungen. Es gibt Menschen, die viel empfangen und trotzdem nie genug haben. Es gibt Menschen, die wenig geben und wenig empfangen. Und schließlich gibt es Menschen, die viel geben und wenig annehmen, wodurch sie selbst zu kurz kommen.

Das Leben begünstigt von Natur aus kein Missverhältnis zwischen Geben und Empfangen. Es wird von uns verursacht. Wenn wir von Herzen und aus dem Bewusstsein heraus, dass genug vorhanden ist, geben und empfangen statt an den Mythos des Mangels zu glauben, befinden wir uns im Fluss des Lebens. Fülle ist unser Geburtsrecht und natürlicher Zustand. Wir können uns bewusst für das Empfangen öffnen, indem wir in erster Linie dankbar sind für das, was wir bereits in unserem Leben haben. Auf diesem Fundament können wir uns als nächstes in drei Schritten auf den Empfang einstellen. Erstens, indem wir innerlich sehen, wie wir empfangen. Zweitens, indem wir das Empfangen durch Affirmationen wie „Ich bin offen und empfänglich für die Geschenke des Lebens“ bestätigen. Und drittens, indem wir den Kreislauf durch bedingungsloses Geben und Empfangen aufrechterhalten.

Wie wir gesehen haben, finden wir die Ursache für zu geringes Empfangen nicht im zu großzügigen Geben, sondern in der falschen Erwartungshaltung. Die richtige Erwartungshaltung können wir durch das Gefühl von Dankbarkeit entwickeln. Wenn wir vor dem geistigen Auge sehen, wie wir empfangen und innerlich bestätigen, dass wir bereits empfangen haben, empfinden wir automatisch eine Dankbarkeit in uns. Das ist kein fauler Trick, sondern der sicherste Weg, um uns für das Empfangen zu öffnen. Denn das Gefühl von Dankbarkeit ist der Schlüssel, um zu empfangen. Geben und Empfangen scheinen oberflächlich betrachtet zwei unterschiedliche Dinge zu sein, doch es sind gegensätzliche Pole derselben Sache: Fülle. In Wirklichkeit sind Geben und Empfangen ein und dasselbe.

Persönliche Stärke entwickeln

Unser Lebensweg verlangt, dass wir uns von innen nach außen entwickeln. Die Anforderungen und Risiken, die wir auf diesem Weg eingehen werden, sind ohne persönliche Stärke oft überfordernd. Offensichtlich sind wir alle zu weitaus mehr fähig, als wir glauben und wir können diese Kraft durch uns zum Ausdruck bringen. Das Entfalten der persönlichen Stärke ist kein Zufall, sondern die Meisterschaft verschiedener Schlüsselbereiche, die das Fundament für unsere Lebensaufgabe bilden.

In erster Linie geht es um die Fähigkeit der *Kommunikation*. Unsere Art zu kommunizieren ist der Kanal, durch den unsere Botschaft in die Welt getragen wird und auf die Menschen trifft, die durch unseren Beitrag einen Mehrwert erfahren können. Die Worte, die wir wählen, sind unumstritten wichtig, doch die Botschaft, die durch sie überbracht wird, liegt jenseits des Gesprochenen. Die unsichtbaren Komponenten unserer verbalen und nonverbalen Kommunikation finden sich in unserer Energie. Der erste Schritt für die Meisterschaft unserer kommunikativen Fähigkeiten ist die bewusste Steigerung unserer Energie: körperlich, emotional, mental und spirituell.

Flexibilität spielt dabei eine wichtige Rolle und gewinnt in der heutigen Zeit immer mehr an Wichtigkeit. Ohne eine offene Haltung und starke Anpassungsfähigkeit laufen wir Gefahr, durch die nächste unerwartete Veränderung oder Herausforderung wie ein Baum durch einen Sturm entwurzelt zu werden. Persönliche Stärke und Flexibilität gehen miteinander einher. Das Gegenteil ist Widerstand. Widerstand ist ein Zustand von innerer Verschlossenheit, Starrheit und Kontrollsucht. Wenn wir kein Vertrauen in unsere Fähigkeit und das Leben haben, müssen wir die Dinge kontrollieren. So sehr uns dieses Verhalten ein Gefühl von Kontrolle vermitteln kann, werden wir auf Dauer immer mehr die Kontrolle verlieren. Denn ein wahres Gefühl von Kontrolle basiert nicht auf Widerstand, sondern auf Loslassen. Ohne Flexibilität klammern wir uns an Umstände, Situationen, Menschen und Äußerlichkeiten, weil wir sie fälschlicherweise mit Sicherheit in Verbindung bringen.

Veränderungen bringen dieses Kartenhaus zum Einsturz und mit ihm das Gefühl von Kontrolle. Die meisten Menschen reagieren darauf mit Widerstand, weil sie hoffen, durch ihre Kontrolle die Unsicherheit zu besiegen. In der Tat kommen sie mit ihren Anstrengungen aber an ihr Limit. Erst wenn wir – gewollt oder ungewollt – über den Rand unserer Komfortzone hinausgehen, geben wir die Kontrolle auf. Dieser Kontrollverlust, gegen den wir oft so sehr ankämpfen, ermöglicht einem viel größeren Teil von uns in Aktion zu treten. Dieser Teil – nenne ihn „Höheres Selbst" oder wie du möchtest – ist Ausdruck von wahrer Kontrolle. Wahre Kontrolle gewinnen wir nicht durch Widerstand und Kontrollsucht. Wahre Kontrolle liegt in der Flexibilität und Bereitschaft loszulassen.

Die Kontrolle zurückgewinnen

Wenn wir den verkrampften und durch Angst motivierten Griff lösen, gewinnen wir die Kontrolle über uns selbst zurück. Diese Kraft äußert sich in *Authentizität*. Authentizität bedeutet, dass wir immer mehr unsere einmalige Stärke zum Ausdruck bringen. Solange wir nicht wissen, wie wir uns als Mensch weiterentwickeln möchten, begnügen wir uns mit scheinbaren Begrenzungen, die durch frühkindliche Einflüsse begonnen haben und durch unsere unbewussten Entscheidungen jeden Tag fortgeführt werden. In der Fachsprache wird von genetischem Determinismus gesprochen. Die Annahme, dass wir Opfer unserer Gene sind, ist längst überholt.

Die Epigenetik hat bewiesen, dass Gene lediglich eine Art Vorlage sind. Wir können tatsächlich entscheiden, inwiefern wir uns an diese Vorlage halten, indem wir uns und die Welt aus einem anderen Blickwinkel sehen. Dr. Bruce Lipton, Autor von „Intelligente Zellen – Wie Erfahrungen unsere Gene steuern“, erklärt: „Seit 1990 hat die moderne Wissenschaft gezeigt, dass unser Glaube an den genetischen Determinismus, die Vorstellung, dass Gene unsere biologischen Prozesse und Verhaltensmerkmale kontrollieren, falsch ist. Die neue Wissenschaft der Epigenetik betont, dass die Umwelt und vor allem unsere Wahrnehmung der Umwelt unsere Genaktivität steuern. Es ist jetzt bekannt, dass diese unbewussten Wahrnehmungen 95 % unserer Lebenserfahrungen kontrollieren.“

Es ist von großer Bedeutung für unsere Lebensaufgabe, dass wir Klarheit über unser bestes Verhalten und Auftreten gewinnen und mit jedem Tag die Chance nutzen, sie noch besser umzusetzen. Das Streben nach Selbstverwirklichung ist ein menschliches Bedürfnis. Manche Menschen verwechseln es jedoch mit Selbstverherrlichung, Egoismus und einem Gefühl von Überlegenheit. Diese Art von Selbstausdruck untergräbt eine weitere wichtige Voraussetzung für die persönliche Stärke: *Empathie*.

Empathie ist die Fähigkeit, sich in die Lage anderer Menschen hineinzuversetzen. Mitgefühl hat nichts mit Mitleid zu tun, sondern ist ein Bewusstseinszustand, der uns ermöglicht, über die eigenen Interessen hinauszublicken. Geben ist ein wichtiger Bestandteil unserer Lebensaufgabe und Empathie bildet die Brücke. Ohne uns in andere Menschen hineinfühlen zu können, sind wir nicht imstande, sie auf eine Art und Weise zu unterstützen, die ihnen wirklichen Aufwind bringt. Auch Mitleid verhindert, dass wir ein Gefühl für die wahren Bedürfnisse anderer Menschen entwickeln können. Anstatt eine Erleichterung zu erfahren, belasten wir sie zusätzlich mit unseren Schuldgefühlen, Zweifeln und Ängsten. Mitleid bringt uns in die Handlungsunfähigkeit, während Mitgefühl unsere Handlungsfähigkeit stärkt.

Persönliche Stärke fordert ein hohes Maß an Empathie, denn stark sein bedeutet, dass wir auch im Angesicht des Leids unsere Werte bewahren. Diese Haltung ist entscheidend, um anderen Menschen in schwierigen Momenten beizustehen ohne in Mitleidenschaft gezogen zu werden. Mitleid verhindert, dass wir die mutigen Schritte wagen, die unerlässlich sind, um in unsere Lebensaufgabe hineinzuwachsen, weil wir verhindern möchten, dass wir anderen noch mehr Leid zufügen. Tatsächlich bringt die Verwirklichung unserer Lebensaufgabe niemandem mehr Leid, sondern Wachstum. Empathie ist eine innere Einstellung, die sich auf Möglichkeiten anstatt Probleme konzentriert. Eine solche *positive Einstellung* begünstigt den Ausdruck von Stärke, weil sie Kräfte in uns befreit, die bei den meisten Menschen ein Leben lang brachliegen. Wie wir wissen, ist die innere Einstellung das Tor zu unserer Welt. Nicht die äußeren Umstände und Bedingungen bestimmen, wie wir unser Leben erleben, sondern unsere Wahrnehmung, die durch unsere innere Haltung zustande kommt. Eine positive Einstellung verleugnet nicht die Lage einer Situation. Im Gegenteil, erst durch eine positive Einstellung können wir unseren Standpunkt erkennen und eine neue Richtung einschlagen. Wie wir wissen, ist Optimismus erlernbar, doch solange wir anderen Faktoren und Einflüssen die Schuld geben, sind die nötigen Voraussetzungen nicht gegeben.

Die volle Verantwortung

Erst wenn wir die volle *Verantwortung* für unser gesamtes Leben übernehmen, korrigieren wir unsere innere Haltung und bringen sie in Einklang mit der persönlichen Stärke. Selbstverantwortung ist für die meisten Menschen ein schwieriges Thema. Während sie sich gerne für erwünschte und gute Dinge verantwortlich fühlen, greifen sie im Falle einer unerwünschten oder schlechten Sache lieber zu Kritik, Beschuldigung und Ausreden. Wenn wir die Verantwortung nicht sowohl für unsere Erfolge wie auch unsere Niederlagen, Fehler und Missgeschicke übernehmen, befinden wir uns in der Opferrolle. Die Rolle des Opfers gaukelt uns vor, dass wir von äußeren Umständen kontrolliert werden.

„Das Abschieben der Verantwortung führt zwar vorübergehend zu einem Gefühl von Kontrolle, doch es verhindert das Erleben tatsächlicher Stärke.“

Um den vorübergehenden Effekt zu verlängern, greifen solche Menschen in der Folge zu weiterer Kritik, Beschuldigungen und Ausreden. Dieser Zyklus wird erst dann unterbrochen, wenn sie beginnen für alles die Verantwortung zu übernehmen. Der Gedanke, einhundert Prozent verantwortlich zu sein, bringt viele Menschen an ihre Grenzen, doch genau hier beginnt sich die Spreu vom Weizen zu trennen. Um in unsere Lebensaufgabe hineinzuleben, müssen wir die Angewohnheit, die Schuld äußeren Faktoren und Menschen zuzuschieben, mit der Bereitschaft, die volle Verantwortung für unser gesamtes Leben zu übernehmen, überschreiben. Dieser Schritt bringt die meisten Menschen an ihre Grenzen, doch diejenigen, die ihn wagen, erhalten Zugang zu einem Grad an persönlicher Stärke, wie ihn nur wenige Menschen kennen.

Kosmozentrische Einstellung

Verantwortung übernehmen bringt einen weiteren Vorteil: Wir verstärken die *Verbindung* zu uns selbst, unseren Mitmenschen und allen übrigen Lebewesen und beginnen eine kosmozentrische Lebenseinstellung einzunehmen. Der Versuch, seiner Lebensaufgabe in einem Gefühl des Getrenntseins nachzugehen, gleicht dem Platznehmen auf dem Sofa im Wohnzimmer mit der Erwartung, dass wir mit dem Auto sicher und schnell ans Ziel kommen. In Wirklichkeit ist alles miteinander verbunden, doch solange wir uns getrennt fühlen, können wir die Verbindung nicht erleben. Ein Grund, warum sich so viele Menschen von anderen Lebewesen und sich selbst getrennt fühlen, liegt in der Identifizierung mit der Rolle „Mensch“. Wir sind so viel mehr als der Mensch, in den wir jeden Tag schlüpfen. In der Tat sind wir unendliches Bewusstsein, das sich zu einem kleinen Teil als „ich“ personifiziert.

Ohne ein tiefes Gefühl von Verbindung erleben wir unser Dasein als einen Kampf. Andere Menschen werden zu Konkurrenten und das Hauptziel ist das eigene Überleben. Wenn wir uns erlauben, unser Leben zu entschleunigen und gegenwärtig zu sein, entdecken wir den Zusammenhang und die Wechselwirkung zwischen allen Lebensformen. Das Erleben von Verbundenheit führt zum Gefühl, vom Leben getragen zu werden. Der Kampf endet und wir werden immer mehr Zeugen der unzertrennlichen Einheit, die uns alle durchströmt und umgibt.

Was die meisten Menschen in der Illusion des Getrenntseins gefangen hält, sind ihre Emotionen. Wo negative Emotionen wie Angst, Wut, Neid und Hass regieren, ist kein Raum für ein Miteinander. Denn Gefühle haben eine direkte Auswirkung auf alle körperlichen Systeme. Das HeartMath Institut in Kalifornien hat bewiesen, dass fünf Minuten Wut ausreichen, um das Immunsystem bis zu sechs Stunden zu schwächen. Der richtige Umgang mit unseren Emotionen ist entscheidend und dafür braucht es die Fähigkeit der *emotionalen Regulierung*.

Die meisten Menschen unterdrücken ihre negativen Gefühle. Dabei handelt es sich um eine antrainierte Verhaltensweise, die unser Gehirn in einen Stresszustand versetzt, der uns förmlich in die Kampf-oder-Fluchtbereitschaft begibt. In einem solchen Zustand geht es nur um das eigene Überleben. In der heutigen Welt haben sich unterdrückte Emotionen zu einem häufigen Dauerzustand entwickelt, in dem der Gedanke an Kooperation fehl am Platz ist. Die Verwirklichung unserer Lebensaufgabe hingegen ist ein Leben in Verbundenheit und Kooperation mit dem Zweck, unser eigenes Wachstum und das unserer Mitmenschen und aller Lebewesen zu fördern.

Die emotionale Regulierung bedarf eines starken *Einflusses*, der mit der Selbstbeeinflussung beginnt. Um die acht vorherigen Schritte zu meistern, müssen wir imstande sein, uns selbst auf eine Art und Weise zu beeinflussen, die uns in einen Zustand der Offenheit und Lernbereitschaft versetzt. Diese positive Einflussnahme hat weder mit Kontrolle noch Manipulation zu tun, sondern sie bildet das Fundament der persönlichen Stärke.

Viele Menschen leben niemals ihre Lebensaufgabe, weil ihnen der Einfluss fehlt. Sie können sich nicht motivieren und ihnen fehlt die Kenntnis, wie sie andere Menschen für ihre Ideen und Vision begeistern. Erst, wenn sie ihren Einfluss gezielt vergrößern, nehmen sie die letzte Hürde, um sich authentisch durch ihre Lebensaufgabe zum Ausdruck zu bringen.

Kapitel 8

Wahrhaftiger Einfluss

»In der Tat ist *jeder* Mensch ein Leader: Leader in seinem Unternehmen, in seiner Familie, in seinem Verein und vor allem in seinem Leben.«

Einflussnahme ist eine erlernbare Kunst

Eine Beförderung alleine macht keine einflussreiche Führungskraft. Heute braucht ein Leader eine ausgereifte emotionale Intelligenz, ein tiefes Verständnis der zwischenmenschlichen Dynamiken und ein authentisches Interesse an der Entfaltung des Potenzials anderer Menschen. Nicht nur Führungskräfte sind Leader.

> „In der Tat ist *jeder* Mensch ein Leader: Leader in seinem Unternehmen, in seiner Familie, in seinem Verein und vor allem in seinem Leben.“

In der Rolle des Leaders dienen wir unserem Umfeld als Vorbild und so fordert uns das Leben heraus, zu noch besseren Vorbildern zu werden. Denn auf Dauer tun andere nicht, was wir ihnen sagen, sondern was wir ihnen *vorleben*. Die Glaubwürdigkeit unserer Vorbildfunktion wird drastisch gemindert, wenn wir andere mit einem Gefühl von Überlegenheit überzeugen oder lenken möchten. Es sind die Überreste des klassischen Hierarchiedenkens, das auf Angst und Schuldgefühlen aufbaut. Dabei muss die Superiorität nicht zwingend öffentlich zum Ausdruck gebracht werden, denn der Gedanke, „Die anderen verstehen das nicht und sind nicht fähig", reicht aus, um uns als Leader auf ein Podest zu heben und unsere Glaubwürdigkeit ins Wanken zu bringen. Doch wie gelingt es uns, effektiv und positiv auf andere Menschen einzuwirken, um sie für unsere Ideen und Vision zu begeistern ohne manipulativ oder verkäuferisch zu wirken? Wir müssen unseren Fokus darauf lenken, aus jedem das Beste herauszuholen.

Andere in unsere Vision mit einbeziehen

Natürlich wünschen sich alle Menschen, dass sie ihr Umfeld bei der Verwirklichung ihrer Vision unterstützt. So verheißungsvoll es sein mag, unsere Vision auf unser Umfeld zu projizieren, unsere Vision beginnt mit uns. Ein Leader, der selber nicht Teil seiner Vision ist, agiert wie ein Dirigent, der sich nicht als einen integralen Teil seines Orchesters sieht. Das klingt logisch, aber in der Realität von Einflussnahme und Führung gibt es eine Vielzahl solcher Dirigenten. Es stellt sich die Frage, welche Möglichkeiten wir haben, um das Epizentrum unserer Vision und Lebensaufgabe zu verkörpern.

Als Erstes sollten wir eine Vision für uns und unser Umfeld basierend auf der wichtigen Frage, „Welche Schwächen habe ich in der Einflussnahme und wie könnte ich sie verbessern?", kreieren. Das ist eine ernst zu nehmende Selbstreflexion, die sich selbst oder gerade Top-Leader häufig stellen sollten, um sich weiterzuentwickeln. In einer Zeit, in der viele Experten raten, sich ausschließlich auf seine Stärken zu konzentrieren, könnte diese Frage leicht als unsinnig und unnütz abgetan werden. Dabei brauchen wir nur die Parallele zum Leistungssport zu ziehen: Was würde mit der Performance eines Top-Leistungssportlers passieren, wenn er aufhört besser zu werden? Wir agieren alle unter derselben Gesetzmäßigkeit.

Zweitens ist wichtig, die richtigen bzw. betroffenen Menschen in unsere Vision mit einzubeziehen, indem wir uns zuallererst fragen, welche Art von Umgang ihrerseits wir uns wünschen. Wenngleich unbeliebt, müssen wir in den Spiegel schauen und die folgenden zwei Fragen beantworten: „Wo verhalte ich mich im Umgang mit meinen Mitmenschen anders, als ich es mir wünsche?“ und „Wie könnte ich mein Verhalten verbessern?” Die nächste Facette unserer Vision ist die Vorstellung, wie die beteiligten Menschen miteinander umgehen, welche Art von Umfeld wir uns für sie wünschen und wie sie darin arbeiten und wachsen sollen. Als nächsten Schritt bedarf es unseren Beitrag an die Welt und die Spuren, die wir als Vorbild hinterlassen möchten, in die gemeinsame Vision mit einzubeziehen. Das Fundament bilden die Fragen „Wie möchte ich als Leader führen?“, „Welche Mission verfolge ich und welchen Unterschied möchte ich machen?“, „Und warum?” Je mehr wir uns auf die positive Zukunftsvision für uns und beteiligte Menschen einlassen, desto besser werden wir uns in unserer Rolle als Leader entfalten.

Warum das Involvieren immer wichtiger wird

Der Versuch, Menschen für uns zu gewinnen, ist eine Kunst, die bestimmten Gesetzmäßigkeiten unterliegt. Eine davon ist der aktive Miteinbezug. Anstatt zu erwarten, dass unsere Vorgaben stillschweigend und zuverlässig erfüllt werden, müssen wir in unserer Rolle als Leader proaktiv werden und die Tatsache, dass

Menschen nur hinter dem stehen, was sie aktiv miterschaffen, noch mehr beachten. Viele Leader erwarten zu Recht, dass ihre Mitarbeiter und Teammitglieder ihrer Vision folgen und sie dabei unterstützen, stehen aber oft vor einer Wand, weil das Gegenteil der Fall ist. Einer der möglichen Gründe ist die fehlende Einladung, am Geschehen mitzuwirken. Dieser Schritt gelingt uns, indem wir die beteiligten Menschen aktiv in unsere Vision involvieren und den Dialog suchen: „Wohin glaubst du, bewegen wir uns/ich mich als Leader?" und „Wie siehst du unsere Zukunft?" Ein solcher Schritt schreckt viele Leader der alten Garde ab, weil sie sich um ihre Vorherrschaft fürchten, aber in Wirklichkeit öffnet es ihren Teammitgliedern eine Tür, ihre Vision mitzugestalten und wirklich dafür einzustehen.

Warum Führung ohne Vorbildfunktion scheitert

Eltern wissen, dass es schwierig ist, ihren Kindern etwas beizubringen, was sie selber nicht vorleben. Wir stecken als Leader in derselben Rolle. Wie bereits erwähnt, ist jeder Mensch ein Leader und der Leaderstatus reicht bei weitem nicht mehr aus, um eine exzellente Führungskraft zu sein. Als Leader werden wir rund um die Uhr beobachtet und selbst wenn kein direkter Kontakt zu den beteiligten Mitmenschen besteht, können wir uns nicht entziehen. Die Lösung? Wir sollten uns fragen, inwieweit wir die Werte und Ideale, für die wir einstehen, als Vorbilder selber leben.

Womöglich erwarten wir Dinge von unseren Mitmenschen, die wir selber nie tun würden oder nur mangelhaft umsetzen. Für die wenigsten Menschen ist es angenehm, sich solche Tatsachen einzugestehen, aber sie sind entscheidende Wegweiser für die Steigerung unserer Einflussnahme und Effektivität als Leader. Darum sollten wir uns fragen, was wir tun könnten, um ein noch besseres Vorbild für andere – und insbesondere für Menschen, die an unserer Vision beteiligt sind – zu sein.

Die entscheidende Rolle des Vertrauens in andere

Vertrauen beginnt mit der Bevollmächtigung unseres Teams, also denjenigen Menschen, die wir für unsere Vorhaben und Vision gewinnen möchten. Das gelingt uns durch das Befolgen dreier wichtiger Ideen.

Erstens: Trainieren, informieren und Mentor sein. Dadurch sorgen wir für die Entwicklung der Kompetenz und folgend die Steigerung des Selbstbewusstseins unserer Teammitglieder. Die fachliche Weiterbildung bildet dabei nur einen Teil. Die persönliche Weiterentwicklung und Bewusstseinserweiterung unseres Teams spielt eine ebenbürtige und immer wichtigere Komponente. Ein emotional überfordertes oder sich in Ausreden flüchtendes Team kann unsere Vision in eine ernsthafte Schieflage bringen. Innovative Unternehmen, Selbständige und Familien haben dies erkannt und holen sich Coaches und Trainer an Bord, um die Entwicklung der emotionalen Intelligenz zu fördern.

Zweitens: Dafür sorgen, dass unser Team die Entscheidungsfreiheit genießt und dabei Fehler machen darf, ohne einem Schwall von irrationalen Vorwürfen ausgesetzt zu werden. Viel wichtiger für das Wachstum unseres Teams ist die Versicherung, dass es in unserer Rolle als Mentor auf unsere Kurskorrekturen zählen darf. Wir sollten darauf achten, dass wir unserem Team laufend mehr Verantwortung und Entscheidungskompetenzen einräumen, um die Herausforderung und Zufriedenheit zu gewährleisten.

Drittens: Die Selbständigkeit unseres Teams fördern. Mit anderen Worten ist es wichtig, dass wir unserem Team die Führung anvertrauen. Delegieren bedeutet: „Hier sind die Aufgaben. Ich erteile dir die Entscheidungsfreiheit. Und nun an die Arbeit." *Bevollmächtigung* und *Autonomie* hingegen führt uns zurück zur aktiven Involvierung unserer Teammitglieder: „Das ist unser Ziel. Wie können wir es erreichen? Was können wir tun? Und nun an die Arbeit." Damit stellen wir sicher, dass unser Team seine Erfahrungen und Zukunft aktiv mitgestaltet.

Was beim Evaluieren gerne übersehen wird

Evaluierung ist kein Fremdwort für Führungskräfte und sie ist auch für jede andere Form der Leaderrolle wichtig. Es gibt einige wichtige Punkte zu beachten, um das Maximum herauszuholen. Die gängigste Form der Beurteilung ist die Leistungsevaluierung. Doch es gibt zwei weitere Formen, die gerne vergessen werden. Und zwar die Beurteilung der zwischenmenschlichen Interaktion und des Fortschrittes in Richtung der übergeordneten Vision.

Ein Teammitglied, das regelmäßig seine optimale Leistung hervorbringt, aber durch seine schlechten Launen oder unangemessenen Umgangsformen und Verhaltensweisen für den Rest zum Energieräuber wird, gefährdet die Harmonie und Effektivität unseres Teams nicht minder, wie ein überaus nettes und aufgestelltes Mitglied, das nichts dazu beiträgt, dass unser Team als gesamtes besser wird. Eine solche Evaluierung ist wichtig und darf auch die Top-Leute unseres Teams nicht ausschließen. Wenn wir uns als Leader um die Top 20 % in unserem Team kümmern, legen wir das Fundament für exzellentes Leadership innerhalb aller an unserer Vision beteiligten Menschen.

Das Team richtig ermutigen

Als einflussreiche Leader müssen wir über die eigene Komfortzone hinausgehen und zu einem weitaus enthusiastischeren Cheerleader werden, als wir es selbst für möglich erachten. Gerne übersehen wir als Leader, dass das Vertrauen, die Inspiration und Bereitschaft unserer Teammitglieder, die Extrameile zu gehen, maßgeblich durch die regelmäßige und aufrichtige Anerkennung ihres Einsatzes ermöglicht wird. Einfluss und Führung bedingen eine ständige Selbstreflexion und das konsequente und regelmäßige Auseinandersetzen mit den Fragen: „Wie kann ich mein Team in Richtung positiver Emotionen steuern?“ und „Was kann ich tun, um für harmonische Beziehungen innerhalb meines Teams zu sorgen?”

Wenn wir es nicht beim Gedanken belassen, sondern das regelmäßige Gespräch mit unserem Team jenseits der To-Do-Listen suchen und mit Dankbarkeit führen, üben wir nicht nur positiven Einfluss aus, sondern wir gewinnen treue Verbündete, ohne die wir unsere Vision nicht verwirklichen können. Es bleibt die berechtigte Frage, wie es uns als Leader gelingen soll, diese essenziellen Eigenschaften in der Hektik und Herausforderung unseres Alltags zu meistern. Es beginnt mit der Absicht, uns in allen sechs Bereichen jeden Tag ein Stück zu verbessern.

Kapitel 9

Unerlässliche Wegweiser

»Der Glaube an das Erreichen unserer Ziele und Vision ist unerlässlich. An eine Sache zu glauben bedeutet, dass wir uns in *positiver Erwartung* befinden und entsprechend handeln.«

Ein klassisches Phänomen

Die wenigsten Menschen schreiben ihre Ziele auf und erreichen dadurch weitaus weniger, als sie imstande wären. Lass das einen Moment auf dich wirken. Das bedeutet nicht, dass sie keine Ziele haben oder sich Gedanken über die Veränderungen machen, die sie anstreben. In der Tat bremsen sie sich durch ein klassisches Phänomen selbst aus. Da sie ihre Ziele nicht schriftlich festhalten, fallen sie nach absehbarer – und meist kurzer – Zeit in ihre alten Muster zurück, ohne jemals einen mutigen und festigenden Schritt in Richtung ihrer Herzenswünsche unternommen zu haben.

Sie begraben ihre guten Vorsätze und Ziele durch Ablenkungen und Ängste und ihre Aufmerksamkeit schweift auf das Lösen irgendwelcher Probleme ab. Kurzum, sie beschäftigen sich mit Dingen, die sie nicht wollen. Ziele sind die Wegweiser, die unerlässlich für die Verwirklichung unserer Lebensträume sind, weil sie uns die Richtung vorgeben. Fehlt die Richtung, finden wir uns in einem Nebel voller Unklarheit, Unsicherheit und Zweifel wieder. Um diesem Nebel zu entkommen, sollten wir erkennen, dass das Problem ebenso wenig im Festlegen von Zielen zu finden ist, wie dem Irrglauben, dass wir nicht alles erreichen können im Leben oder es mit einer Sache zu tun haben, die nicht für uns bestimmt war. Mark Twain brachte es auf den Punkt, als er sagte: „Wir können erreichen, was wir uns vorstellen und woran wir glauben können."

Die Geburtsstunde einer Vision ist das Nachdenken über unsere Ziele und das sowohl schriftliche wie bildliche daran Festhalten. Heute liefert die Neurowissenschaft faszinierende Antworten, warum diese Schritte so entscheidend sind.

Der „Erzeugungseffekt“

Neurowissenschaftler haben den „Erzeugungseffekt“ (engl. „Generation Effect“) identifiziert, der besagt, dass wir ein besseres Gedächtnis für Inhalte zeigen, die wir selbst erzeugt haben, als für Inhalte, die wir lediglich gelesen haben. Das ist ein wichtiger Vorteil und wenn wir unser Ziel aufschreiben, können wir zweimal auf den „Erzeugungseffekt“ zugreifen: erstens, wenn wir das Ziel definieren (ein Bild in unserem Kopf erzeugen) und zweitens, wenn wir es aufschreiben, wodurch wir dieses Bild erneut verarbeiten oder regenerieren. Indem wir unser mentales Bild überdenken und es auf das Papier bringen, werden Objekte und Linien platziert, skaliert, über die räumlichen Beziehungen nachgedacht, Gesichtsausdrücke und Empfindungen beobachtet usw. Während dieses Prozesses findet eine Menge kognitiver Verarbeitung statt. Im Wesentlichen erhalten wir eine positive Doppelwirkung, die unser Ziel wirklich in unser Gehirn einbrennt.

In einer seiner Studien mit dem Titel „The Gender Gap and Goal-Setting“ zeigt Mark Murphy, CEO von Leadership IQ, dass sowohl Männer als auch Frauen ihre Ziele viel besser aufschreiben müssen. Die anschauliche Beschreibung unserer Ziele in schriftlicher Form ist stark mit dem Zielerfolg verbunden. Murphy fand heraus, dass Menschen, die ihre Ziele sehr anschaulich beschreiben oder sich vorstellen, sie mit einer

1,2- bis 1,4-fachen Wahrscheinlichkeit erreichen im Vergleich zu Menschen, die dies nicht tun. Das ist ein ziemlich großer Unterschied, den wir erreichen, wenn wir unsere Ziele auf ein Blatt Papier schreiben.

Träumen erlaubt

Viele „Experten" behaupten, dass Ziele spezifisch, messbar, erreichbar, realistisch und zeitbezogen sein müssen. Für meinen Geschmack eine sehr beschränkte und vor allem wenig inspirierende Vorgehensweise. Solche Spezifikationen sind bestenfalls für Menschen gemacht, die ihre Ambitionen und Visionen begraben haben. Ich bin der Meinung, dass ein Leben ohne Träume und große Ziele nicht so bedeutsam ist, wie es sein könnte. Und das bringt uns zur nächsten Problematik: Solche berechenbaren Ziele, die meist durch Erfahrungswerte aus der Vergangenheit zustande kommen, sind so unattraktiv, dass die meisten Menschen lieber die Finger davon lassen. Das ist wirklich fatal, denn jeder Mensch braucht Ziele und vor allem einen Sinn, um das Leben zu bestreiten.

Es gibt eine Alternative zur klassischen – langweiligen – Zielsetzung: Uns erlauben zu träumen. Als erstes dürfen wir unsere Ziele und Vision aufschreiben, ohne uns den Kopf zu zerbrechen, ob sie spezifisch genug, messbar, erreichbar, realistisch und auf ein bestimmtes Datum bezogen sind. Was wäre aus Menschen wie Martin Luther King, Steve Jobs, Thomas Edison, Henry Ford und vergleichbaren Persönlichkeiten geworden, wenn sie sich von den genannten Parametern ausbremsen lassen hätten? Alle waren Visionäre und erreichten ihre Ziele, weil sie sich erlaubt haben zu träumen, anstatt sich zu fragen, ob und wie sie ihre Visionen erreichen können. Sie waren bereit, als Träumer belächelt zu werden, ohne sich von ihren Vorhaben abbringen zu lassen. Offensichtlich waren sie keine passiven Träumer, sondern haben massive und mutige Schritte für die Verwirklichung ihrer Visionen unternommen. Darum sollten wir uns fragen, wovon wir träumen und welche Vision wir haben, ganz egal, ob wir heute wissen, wie wir sie erreichen können, und sie dann – so lebendig wie möglich – von Hand auf ein Blatt Papier schreiben.

»Der Glaube an das Erreichen unserer Ziele und Vision ist unerlässlich. An eine Sache zu glauben bedeutet, dass wir uns in *positiver Erwartung* befinden und entsprechend handeln.«

Erwartung unterscheidet sich wesentlich von Hoffnung. Wenn wir einen Flug nach Hawaii buchen und übermorgen die Reise antreten werden, würden wir natürlich nicht ohne Gepäck und Reisedokumente zu spät am Flughafen ankommen, denn wir hoffen nicht, dass wir sicher am Ziel ankommen, sondern wir erwarten es. Die Erwartung führt zu einer bestimmten inneren Haltung und die wiederum zu gewissen Handlungen. Viele Menschen gehen leichtfertig mit ihren Zielen und Vorsätzen um, weil sie niemals eine Erwartungshaltung einnehmen und lediglich den Erfolg erhoffen, wodurch sie nie ins Handeln kommen.

Wenn wir unsere Ziele nicht aufschreiben, werden wir leicht davon abgelenkt, weil uns die nötige Klarheit für gezielte Handlungsschritte fehlt. Sobald sich Zweifel einschleichen, handeln wir nicht länger gezielt und denken primär an das, was wir nicht wollen.

Bereitschaft und Verbindlichkeit

Ohne eine hohe Bereitschaft und Verbindlichkeit werden wir die Schritte für die Verwirklichung unserer Vision nicht ausdauernd genug umsetzen. Es ist kein Geheimnis, dass Abschweifen und verfrühtes Aufgeben häufige Gründe für das Scheitern sind, denn Verbindlichkeit setzt die richtigen Emotionen voraus. Erst wenn wir unsere Vision in Verbindung mit positiven Emotionen regelmäßig und kontinuierlich vor Augen haben, sorgen wir für einen hohen inneren Antrieb und genießen die Unterstützung aller Kräfte, die in uns stecken.

Wenn wir uns jedoch auf das konzentrieren, was wir verlieren oder verpassen könnten, schaffen wir Raum für Ausreden, Zweifel, Ablenkungen und folglich das Aufschieben wichtiger Schritte. Wir verlieren unseren Fokus. Wir können die Verbindlichkeit steigern, indem wir unsere Aufmerksamkeit auf die Gewinne und neue Möglichkeiten, die das Erreichen unserer Vision mit sich bringt, richten. Wenn wir uns erlauben, uns so zu fühlen und zu sehen, als hätten wir unsere Ziele bereits erreicht, bewirken die positiven Emotionen, dass wir immer zielführender denken, fühlen und handeln.

Keine Zufälle

Sportwissenschaftler und Gründer von Executive Athlete, Jonathan Cawte, erklärt: „Nichts passiert zufällig in der Natur. Komplexe Systeme in unserem Körper fördern ein Verhalten, das in unserem besten Interesse liegt. Wen wir bewundern, lieben und vertrauen, schafft eine chemische Veränderung in unserem Körper, die uns dazu zwingt zu folgen." Hormone steuern nicht nur unser Verhalten gegenüber unseren Mitmenschen, sie spielen eine wichtige Rolle für unsere Motivation. In der Tat ist jeder Mensch motiviert, doch es stellt sich die Frage, in Bezug auf was wir diese Motivation spüren. Jemand, der zweifelt und Ausreden findet, ist motiviert zu zweifeln und Ausreden zu finden. Jemand, der inspiriert ist und mutige Schritte wagt, ist hinsichtlich seiner Inspiration und mutigen Schritte motiviert. Die Motivation fehlt nie, doch wir dürfen lernen, sie noch mehr in Richtung unserer Vision zu lenken. Das gelingt uns, indem wir zu „Biohackern" werden, die bewusst Einfluss auf die Freisetzung von „Erfolgshormonen" ausüben.

Dopamin, Oxytocin, Serotonin und Endorphin

Diese Hormone werden als „Glückshormone" bezeichnet, wobei wir sie auch „Erfolgshormone" nennen können, da sie uns neben einer fröhlichen Stimmung Optimismus, Energie, Verbundenheit mit unseren Mitmenschen sowie einen höheren Fokus verleihen und so unseren Antrieb, Einfluss und unser Selbstvertrauen steigern. Die gute Nachricht lautet, dass wir Maßnahmen ergreifen können, um die Ausschüttung dieser Hormone zu begünstigen. Wir betrachten jetzt, wie uns das gelingt.

Dopamin ist unser Leistungshormon

Je höher der Dopaminspiegel in unserem Körper ist, desto höher sind unsere Wachsamkeit, unser Fokus, unsere Kreativität, unser Langzeitgedächtnis und unsere Konzentration. Dopamin ist das Motivationsmolekül, das uns dazu bringt, ein Gefühl von Belohnung für das Erreichen von Zielen zu spüren und es uns ermöglicht, die Schritte zu unternehmen, die erforderlich sind, um Fortschritt, Erfolg und Erfüllung zu erleben. Dopamin erhöht unsere Durchsetzungskraft in sozialen und beruflichen Situationen, steht in Zusammenhang mit einem höheren sozioökonomischen Status und einer höheren wahrgenommenen sozialen Unterstützung.

Um unseren Körper dazu zu bringen, den gesunden Dopaminspiegel zu erhöhen, sollten wir herausfinden, welche Belohnungen uns motivieren und sie mit Zielen verknüpfen. Das ist der schwierige Teil. Der einfache Teil besteht darin, diese Ziele in kleinere, kurzfristige Meilensteine zu zerlegen und mit jedem eine Belohnung zu verknüpfen, um einen hohen Dopaminspiegel zu genießen. Jede Belohnung erhöht unseren Dopaminspiegel. Bei Aufgaben, die uns keine Freude bereiten, sind Meilensteine besonders wichtig, um die Dopaminfreisetzung zu bewirken und dadurch die Arbeit zu erleichtern. Als Beispiel können wir das Verfassen eines Paragraphen als den nächsten, inkrementellen Meilenstein festlegen. Sobald wir dieses Etappenziel erreicht haben, können wir uns dann von der Wirkung des Dopamins nach vorne treiben lassen.

Dopamin kommt mit einer Warnung – es macht süchtig. Dopamin kann durch das Erreichen von Zielen, Alkohol, Glücksspiele, (Extrem)Sport, Abenteuer oder das Erwarten, Empfangen und Lesen von Benachrichtigungen auf unserem Mobiltelefon ausgeschüttet werden. Durch das Öffnen jeder E-Mail und Benachrichtigung erhalten wir eine weitere Dosis Dopamin, was sich zu einer Sucht nach dem nächsten Klick entwickeln kann. Wie jeder Süchtige, der unermüdlich und verzweifelt nach dem nächsten Kick jagt, können wir unter dem Einfluss von Dopamin unlogische Entscheidungen darüber treffen, was wir für den Erfolg bereit sind zu opfern (z.B. familiäre Beziehungen oder die Gesundheit). Wenn der Dopaminspiegel sinkt, steigt gleichzeitig das Verlangen nach mehr Belohnung. Bleibt der erhoffte Dopaminrausch aus und gelingt es uns nicht wie erwartet, ihn zu genießen, weil z.B. jemand nicht (schnell genug) antwortet, nehmen dafür der Frust und die Ungeduld zu.

Oxytocin ist das Bindungshormon

Wir können die Ausschüttung von Oxytocin auslösen, um die Loyalität, das Vertrauen, das Einfühlungsvermögen und unsere Großzügigkeit zu erhöhen. Neben der zwischenmenschlichen Bindung reduziert Oxytocin den Stress und erhöht das Gefühl von Sicherheit und Zufriedenheit. Unser Oxytocinspiegel wird erhöht, wenn wir andere Menschen unterstützen, sie ermutigen oder ihnen Komplimente machen. Eine einzige Minute positiver sozialer Interaktion reicht aus, um eine kurze Oxytocin-Freisetzung auszulösen. Ebenso ergänzt der freie Ausdruck von Emotionen wie das gemeinsame Lachen, das Lächeln in Form einer Begrüßung und das Teilen von Geschichten unseren Oxytocinspiegel. Wenn jemand mit uns spricht und wir aufmerksam zuhören, erleben beide Gesprächspartner einen Anstieg des Oxytocins und profitieren von mehr Vertrauen und Produktivität bei der Arbeit. Oxytocin hilft uns, anderen ohne Erwartung einer Gegenleistung unsere Hilfe anzubieten. Weitere Maßnahmen zur Steigerung des Oxytocins umfassen: Augenkontakt, Umarmungen und Berührungen jeglicher Art.

Serotonin ist das Führungshormon

Serotonin steigert die Willenskraft, das Selbstwertgefühl, innere Zufriedenheit, Selbstvertrauen und das Gefühl von Sinnhaftigkeit. Gleichzeitig bekämpft es Kortisol, das Stresshormon. Andere Menschen fühlen sich inspiriert, uns zu folgen, wenn sie in uns das Vertrauen, den hohen Selbstwert und den geringen Stress sehen, den sie in einem Leader suchen. Der Serotoninspiegel wird durch Sonnenlicht im Freien oder den schriftlichen oder mündlichen Ausdruck unserer Dankbarkeit erhöht. Wenn wir schließlich herausfinden, warum unser Beitrag einen Unterschied für die Welt macht und dem, was wir tun, Bedeutung verleihen, erhalten wir unseren Serotoninspiegel aufrecht und entwickeln effektiven Einfluss.

Endorphin ist das Glückshormon

Endorphine steigern unsere Entschlossenheit und unser Streben nach mehr Leistung, erhöhen die Stimmung und reduzieren körperliche Schmerzen und emotionalen Stress. Sie ermöglichen uns, Vergnügen und Freude zu erleben und erklären, warum intensives Training zum Zeitpunkt der Ausführung nicht schmerzt, aber kurz nach Abschluss der Trainingseinheit Schmerzen auftreten können. Endorphine erhöhen zudem unsere Wahrnehmung und stehen in Verbindung mit unterhaltsamen Aktivitäten wie Lachen. Auf ähnliche Weise können wir die Endorphinfreisetzung auslösen, wenn wir unsere Lieblingsmusik hören, draußen in guter Gesellschaft im Sonnenlicht spazieren oder uns in Kombination mit ruhiger, tiefer Atmung entspannen oder meditieren.

Das Beste ist, dass wir jetzt positive Emotionen alleine durch unsere Vorstellungskraft hervorrufen können, denn jeder Gedanke führt zu Emotionen. Indem wir unsere Ziele mit positiven Emotionen und den „Erfolgshormonen“ verknüpfen, sorgen wir für ein hohes Maß an Verbindlichkeit und damit für die Voraussetzung für kontinuierliche Handlungsschritte, vereint mit Erfüllung.

Handeln, handeln, handeln

Ohne Handlungsschritte bewegen wir uns wie in einem Hamsterrad. Eigentlich logisch und doch vergessen viele Menschen bewusst zu handeln oder lassen sich ablenken. Die Wahrheit ist, jeder Mensch handelt zu jeder Zeit. Die meisten sind jeden Tag beschäftigt und ebenso viele lassen sich treiben. Sich beschäftigen und treiben lassen, sind beides Formen des Handelns.

Die Frage ist, welche Handlungen ermöglichen uns, unsere Ziele zu erreichen. Als erstes gilt es zu klären, welche Schritte uns erlauben, immer mehr in unsere Vision hineinzuleben. Wenn wir eine Fremdsprache meistern möchten, würden wir wahrscheinlich einen Kurs erwerben oder Unterrichtsstunden besuchen, uns eine bestimmte Anzahl an wöchentlichen Lerneinheiten vornehmen sowie Möglichkeiten aufsuchen, um uns in der Konversation zu üben. All diese Schritte führen bei regelmäßiger, kontinuierlicher Ausübung zum Beherrschen der Fremdsprache.

Aber wie können wir sicherstellen, dass wir tatsächlich regelmäßig ins richtige Handeln kommen? Wie wir gesehen haben, finden wir das Geheimnis in der Verbindlichkeit. Die erste Stufe von Verbindlichkeit erreichen wir, indem wir die Handlungsschritte als Fixtermin im Terminkalender einplanen und als solche behandeln. Ohne diese Terminierung werden sich die vorgesehenen Zeitfenster automatisch mit anderen Aufgaben füllen. Und meistens sind es nicht diejenigen Dinge, die das erklärte Ziel zum Vorschein bringen.

Viele Menschen sind sich unsicher, welche Schritte sie unternehmen sollen und handeln entweder aus der Angst heraus oder halten zurück. Wie wir gesehen haben, sind auch dies Handlungsschritte. Die Vorstellung, dass jemand nicht oder zu wenig handelt, ist irreführend, denn entscheidend ist nicht die Quantität, sondern die Qualität der Handlung. Im Innersten weiß jeder Mensch, was sein nächster Schritt ist, doch wie wir bereits aufgedeckt haben, finden die meisten Menschen Ausreden, warum sie ihn nicht machen können.

Dabei kommt vielen Menschen der Perfektionismus in die Quere, der sich bei genauerem Hinschauen lediglich als Ausrede fern von einem hervorragenden

Verhalten entpuppt. Perfektionismus, oder die Lüge, eine Sache zuerst perfektionieren zu wollen, bevor der erste, mutige Schritt in Richtung Vision unternommen wird, hält viel zu viele Menschen beschäftigt, ohne jemals wirkliche Fortschritte zu erzielen. Kontinuierliches Handeln bedeutet, mutige Schritte zu wagen, obwohl wir uns nicht bereit dafür fühlen. Ohne Bereitschaft, diese Verletzlichkeit zu zeigen, können wir unsere Vision bestenfalls ein Leben lang als Zielposter an der Wand bestaunen, aber nicht erleben, weil wir uns einreden, dass jetzt kein guter Zeitpunkt ist oder wir noch nicht bereit dafür sind. Beides stimmt aus Sicht der Betroffenen aber nicht, weil es so ist, sondern weil sie es so sehen und sich entsprechend verhalten.

Auf Kurs

Wie wissen wir, ob wir auf Kurs sind? Lass uns diese Frage anhand eines konkreten Ziels beantworten: Zehn Kilogramm abnehmen. Die Waage, unsere körperliche Energie, unser Wohlgefühl oder die Anzahl an Trainingseinheiten pro Woche können uns in diesem Fall wertvolle Hinweise liefern. Es geht also darum, geeignete Messparameter festzulegen, die uns als Wegweiser dienen. Nachdem wir die Parameter festgelegt haben, können wir unseren Fortschritt gezielt beurteilen.

Wenn wir uns z.B. vornehmen, dreimal pro Woche ins Fitnessstudio zu gehen, um unser Figurziel zu erreichen, können wir uns regelmäßig anhand dieses Messparameters beurteilen und aufzeigen, ob wir weiterhin auf Kurs sind. Die meisten Menschen aber überlassen ihren Fortschritt dem Zufall. Obwohl sie oft wochenlang nicht ins Fitnessstudio gehen, reden sie sich ein, dass sie auf Kurs sind. Und natürlich wird das Ganze mit der Erklärung, dass sie nächste Woche alles verändern werden, schöngeredet. In der Tat bleibt es meistens beim Aufschieben. Die Ursache ist naheliegend: Sie unterlassen es, ihren Fortschritt zu messen. Es ist eine Sache zu wissen, dass wir von unserem Weg abgekommen sind und eine vollkommen andere, es schwarz auf weiß vor uns zu sehen. Ersteres begünstigt die Schönrederei und das Aufschieben, Letzteres weckt den Ehrgeiz in uns. Solange wir unseren Fortschritt nicht regelmäßig selber beurteilen, laufen wir Gefahr, vom Kurs abzukommen. Der damit verbundene Schmerz ist weitaus größer, als der Aufwand und die mögliche Enttäuschung unseres Abschneidens. Denn wenn unsere Beurteilung schlechter ausfällt als gewollt, können wir rechtzeitig den Kurs korrigieren und erneut den Aufwind des Fortschritts genießen. Die einfachste und effektivste Weise, um unseren Fortschritt zu messen, besteht in der ehrlichen Beurteilung auf einer Skala von eins bis zehn. Eins bedeutet „das Vorhaben in keinster Weise erfüllt zu haben“, zehn „es 100 % umgesetzt zu haben“.

Nachwort

Auf der Reise

»In uns steckt ein Überflieger, der jetzt bereit ist, sich zu zeigen. Der Weg liegt uns zu Füßen.«

In uns steckt Großartigkeit

Unsere persönliche Reise beginnt in diesem Augenblick erneut. Wie Pilger starten wir jeden Tag neu ins Leben. Unsere Geschichte kennt keine Vergangenheit oder Zukunft. Sie spielt *jetzt*. Die Großartigkeit in uns wird durch nichts geschmälert. Sie ist, so wie das Bewusstsein ewig währt. In uns steckt ein Überflieger, der jetzt bereit ist, sich zu zeigen. Diese Kraft entwickeln wir durch das fortwährende Streben nach mehr Bewusstsein. Der Weg liegt uns zu Füßen. Nur falsches Denken kann uns durch das daraus resultierende Ausblenden von Möglichkeiten, Chancen und Lösungen ausbremsen. Unser Denken entspringt der Vorstellung, die wir über uns und unser Leben haben.

Der größte Denkfehler beruht in der fehlenden Bereitschaft, die volle Verantwortung für unser Leben zu übernehmen. Die Wahrheit ist, es gibt nur eine Ursache und diese Ursache finden wir in uns. Stelle dir einen Kreis vor. Er bildet das Zentrum unseres Lebens. Dieses Zentrum entspricht ICH BIN, unser ewiger Zustand, bevor wir ihn mit einem Namen und Attributen versehen. Jedes Mal, wenn wir eine Ausrede finden, irgendeiner Sache die Schuld geben oder einen anderen Menschen für unser Empfinden verantwortlich machen, ziehen wir einen weiteren Kreis um das Zentrum. Mit jedem zusätzlichen Kreis geben wir ein Stück unserer Kraft weg. Diese Ohnmacht verhindert, dass wir die Wahrheit sehen können: Wir sind zu 100 % verantwortlich und nichts oder niemand anderes ist für irgendetwas in unserem Leben verantwortlich.

Jede Abweichung davon ist eine Lüge, die uns klein hält und durch die wir uns etwas vormachen, was nicht der Wahrheit entspricht. Es kann sehr schmerzhaft sein, uns dies einzugestehen, denn wenn wir die volle Verantwortung übernehmen, werden wir mit Angst, Wut, Frust, Unsicherheit, Enttäuschung, Traurigkeit und Schuldgefühlen konfrontiert, die wir durch das Abschieben der Verantwortung weggedrückt haben. Es sind die Schatten, die uns folgen, bis wir stehen bleiben und hinschauen.

Gleichzeitig erwartet uns unsere eigene Großartigkeit, die wir in Form von Selbstermächtigung spüren, wenn wir unsere alleinige Verantwortung bestätigen. Wir können die Befreiung erleben, wenn wir uns vor einen Spiegel stellen, uns tief in die Augen schauen und uns immer wieder daran erinnern, „Ich bin 100 % verantwortlich für alles in meinem Leben." Dieser Schritt bringt uns in unsere Schöpferkraft. Wenn wir unsere Vorstellungskraft nutzen, um uns ein klares Bild vom Gewollten vor Augen zu führen, sind uns keine Grenzen gesetzt. Denn das Leben ist grenzenlos. Wir sind das Leben und die Lebensenergie findet durch uns ihren Ausdruck.

Wir haben gesehen, dass Erfolg und Erfüllung keine Zufälle sind, sondern eine bestimmte Art zu denken, fühlen und handeln widerspiegeln. Es ist derselbe Aufwand, negative oder positive Gedanken zu denken, doch die Auswirkungen sind völlig unterschiedlich. Die Umstände der heutigen Zeit fordern uns heraus, wieder vermehrt in uns zu ruhen. Die vielen Kämpfe, die geführt werden, nehmen ein Ende, sobald wir immer mehr im Frieden mit dem jetzigen Augenblick leben. Wenn nach dem Kampf die Ruhe einkehrt, dann spüren wir, dass es nie einen Grund gab zu kämpfen. Es war nur das Ego – unsere falsche Identität –, das versucht hat, den emotionalen Kontrollverlust zu verhindern, indem es Widerstand geleistet hat. In der Tat gibt es nichts, was wir verhindern brauchen oder verlieren können. In diesem Zustand der Gegenwart erkennen wir die Vollkommenheit des Lebens im Hier und Jetzt.

Jetzt beinhaltet die Totalität des gesamten Universums. Die Lösung ist nicht, unerwünschte Umstände zu bekämpfen, damit wir uns besser fühlen. Die Kunst beruht darin, den jetzigen Augenblick nicht länger durch Ausreden, Erklärungen, Beurteilungen, Bewertungen, Beschuldigungen, Beschweren und Negativität wegzudrücken, sondern ihn zu akzeptieren. Denn wenn wir eine Sache „gut" benennen, müssen wir automatisch eine andere als „schlecht" bezeichnen.[24] Erst wenn wir über „gut oder schlecht", „richtig oder falsch", „für mich oder gegen mich" hinausgehen – wie ein Vogel, der alles aus der Vogelperspektive betrachtet – können wir für uns die Wahrheit erkennen: Die Ursache von Negativität und scheinbaren Problemen liegt nicht im Augenblick, sondern in unserer Reaktion auf unsere momentane Erfahrung.

Es ist eine große Herausforderung, alles beurteilungsfrei zu akzeptieren und gleichzeitig die einzige Möglichkeit, um wirkliche Freiheit in Form von innerem Frieden zu erfahren. Akzeptanz bedeutet weder aufgeben noch sich mit einer Sache abfinden. Akzeptanz ist der Weg des Herzens, der sich durch das Aufgeben des inneren Widerstands kennzeichnet. Wenn wir loslassen und das Leben zulassen, kommen wir in Berührung mit unserer Großartigkeit, öffnen uns immer mehr für die Fülle des Lebens und leben aus der Wahrheit heraus. Diese Wahrheit befindet sich in uns allen und sie erinnert uns jeden Tag aufs Neue:

Wir sind Schöpfer und können uns für Gedanken, Gefühle und Handlungen entscheiden, die uns wirklichen Erfolg in Form von tiefer Erfüllung bringen. Das große Geheimnis ist eine kontrollierte Vorstellungskraft und eine anhaltende Aufmerksamkeit, die fest und wiederholt auf das Gefühl des erfüllten Wunsches gerichtet ist, bis er den Geist erfüllt und alle anderen Ideen aus dem Bewusstsein verdrängt. Die Wahrheit, die uns frei macht, ist, dass wir in der Vorstellung erfahren können, was wir in der Realität erleben möchten, und indem wir diese Erfahrung in der Vorstellung beibehalten, wird unser Wunsch zur Wirklichkeit.[25]

Ausgehend von dieser Wahrheit erkennen wir immer mehr, dass unsere Aufgabe nicht im Verändern äußerer Umstände liegt, sondern im Bewusstwerden der bestehenden Fülle des Lebens. Das Verlangen verbindet uns mit dem Gewünschten und die Erwartung zieht es in unser Leben. Dies ist das Gesetz.[26] Das *Verlangen* ist der Beweis, dass der Wunsch jetzt erfüllt ist. Was wir uns wünschen, existiert jetzt im Bewusstsein. Wir haben es also bereits empfangen. Indem wir unser Bewusstsein verändern, verändern wir unsere Wahrnehmung. Die Wahrheit ist: Alles ist jetzt vorhanden.

Weitere Publikationen:

Das ist nicht alles, was du im Buch entdeckst:

- Warum Veränderungen oft so schwerfallen
- Das Geheimnis der Veränderung
- Was deinem Erfolg im Weg steht
- Wie du den Mut fasst, dich neu auszurichten
- 9 wichtige Erfolgsgewohnheiten, die du kennen solltest
- Welche Tricks dein Unterbewusstsein nutzt, um dich auszubremsen
- Wie du deinen Blindpunkt erkennst
- Wie du deine persönliche Entwicklung gezielt voranbringst

https://lukastobler.com/buch

Das könnte dich auch interessieren:

Gratis E-Book, Hörbuch & Masterclass

Sichere dir jetzt kostenfrei das E-Book und Hörbuch „Überzeuge als weibliche Führungskraft“ und erhalte außerdem Zugang zur „Leadership Masterclass.“

Onlinekurse:

Wenn du das Erreichen deiner Ziele nicht dem Zufall überlassen möchtest und bereit bist konkrete Schritte zu unternehmen, dann werden dich diese Onlinekurse beflügeln. Aber glaube nicht mir, sondern überzeuge dich selbst, wenn du dich jetzt informierst:

https://lukastobler.com/kurse

„Überwinde deine Grenzen“ Coaching:

https://lukastobler.com/coaching

Buche mich als Trainer für dein Team oder Unternehmen:

https://lukastobler.com/kontakt

Social Media:

https://instagram.com/lukastobler/
https://facebook.com/ToblerLukas/

Lukas Tobler ist ein ehemaliger Schweizer Spitzensportler, Autor, Keynote Speaker, Bewusstseinscoach und Mentaltrainer. Durch sein Wirken ermöglicht er insbesondere, aber nicht ausschließlich weiblichen Führungskräften, tiefes Vertrauen in sich selbst zu gewinnen, mit Herausforderungen gelassen umzugehen und überzeugend zu sein, ohne sich zu verbiegen. Bis heute hat er weltweit mehr als 10.000 Menschen zu einem erweiterten Bewusstsein und größerem Selbstvertrauen verholfen, was wiederum zu mehr Erfolg und Erfüllung im Leben führt.

Lukas glaubt, dass es mehr weibliche Führungskräfte braucht. Seine Vision ist es, dass alle Frauen in Führungspositionen ihren Platz finden, indem sie tiefes

Vertrauen in sich selbst gewinnen, die Fähigkeit entwickeln, gelassen mit Herausforderungen und negativen Emotionen umzugehen, und nicht länger um ihr Ansehen kämpfen müssen. Stattdessen sollen sie überzeugend sein, ohne sich zu verbiegen, und dabei ihre persönlichen Werte bewahren.

Lebe deine Großartigkeit!

Lukas
TOBLER

https://lukastobler.com

Fordere jetzt ein kostenloses Beratungsgespräch an unter https://lukastobler.com/coaching.

Danksagung

Ein Buch ist mehr als der Schreibaufwand des Autors und würde ohne das direkte und indirekte Mitwirken anderer nicht entstehen. Ich bin zutiefst dankbar dafür. Allen voran fühle ich eine große Dankbarkeit für die göttliche Schöpferkraft, ohne die der Inhalt niemals durch mich zu meinen Lesern gefunden hätte. Ich danke Alma, Samsara und Kimon. Von Herzen danke ich Astrid Galimpas für das Lektorat. Danke an Thomas, Bettina, Marc, Pedro, Aisha und Asim für eure Stimmen zum Buch. Mein Dank geht auch an meine Eltern, Ioannis Galimpas und Daniel Bieter. Die Liste könnte beliebig fortgeführt werden und sollte ich irgendjemanden vergessen haben, du weißt, dass ich dich schätze. Ein ganz besonderer Dank geht an all meine Leser und Leserinnen, Klienten und Klientinnen und alle, die meine Arbeit und Vision unterstützen. Ohne euch wäre all dies nicht möglich. Ich danke euch von ganzem Herzen.

Quellenverzeichnis

(1) https://www.focus.de/gesundheit/gesundleben/schlafen/chronobiologie/chronobiologie/biologische-zyklen_aid_27628.html

(2) The How Of Happiness; S. 184

(3) https://debcheslow.com/ownership/

(4) Biddle, S. J. H., Fox, K. R., and Boutcher, S. H. (eds.). (2000). *Physical Activity and Psychological Well-being*. London: Routledge. Kahn, E. B., Ramsey, L. T., Brownson, R. C., Heath, G. W., Howze, E. H., and Powell, K. E., Stone, E. J., Rajab, M. W., Corso, P., and the Task Force on Community Preventive Services (2002). The effectiveness of interventions to increase physical activity: A systematic review. *American Journal of Preventive Medicine*, 22: 73-107. Centers for Disease Control and Prevention. (1999, November 17). Physcial activity and health: A report of the surgeon general. Retrieved June 27, 2006, from the World Wide Web: http://www.cdc.gov/nccdphp/sgr/sgr.htm.

(5) Motl, R. W. Konopack, J. F., McAuley, E., Elavksy, S. Jerome, G. J., and Marquez, D. X. (2005). Depressive symptoms among older adults: Long-term reduction after a physical activity intervention. *Journal of Behavioral Medicine*, 28: 386-94

(6) Thayer, R. E., Newman, J. R., and McClain, R. M. (1994). Self-regualtion of mood: Strategies for changing a bad mood, raising energy, and reducing tension. *Journal of Personality and Social Psychology*, 67: 910-25. Biddle, S. J. H. (2000). Emotion, mood, and physical activity. In Biddle, S. J. H., Fox, K. R., and Boutcher, S. H. (eds.). *Physical Activity and Psychological Well-being* (pp 63-87). London: Routledge.

(7) https://beruhmte-zitate.de/zitate/1958100-albert-einstein-die-definition-von-wahnsinn-das-gleiche-immer-und/

(8) The Power of Your Supermind, p. 131-2, New Life Foundation 1975, Vernon Howard

(9) Wing, R. R., and Jeffery, R. W. (1999). Benefits of recruiting participants with friends and increasing social support for weight loss and maintenance. Journal of consulting and Clinical Psychology, 67: 132-38

(10) „Positive psychology progress: empirical validation of interventions." Seligman M. E., Steen T. A., Park N, Peterson

(11) Studie Ozlem Ayduk https://journals.sagepub.com/doi/10.1177/0146167202250911

(12) https://www.osho.com/osho-online-library/osho-talks/unhappiness-reactions-detachment-18adb49f-725?p=1735c4e70a140e55c115b6b2017f937d

(13) http://www.denken-sie-doch-selber.com/dl/Umarmungen-pro-Tag.pdf

(14) https://www.lungenaerzte-im-netz.de/news-archiv/meldung/article/flaches-atmen-schadet-der-gesundheit/

(15) „Civil registration: why counting births and deaths is important". www.who.int. Retrieved 2020-06-11; „Global deaths: This is how COVID-19 compares to other diseases". World Economic Forum. Retrieved 2020-06-11; Ross, Jenna (2020-05-15). „How Many People Die Each Day?". Visual Capitalist. Retrieved 2020-06-11; https://www.welthungerhilfe.de/informieren/themen/fuer-wasser-und-hygiene-sorgen/

(16) https://greatergood.berkeley.edu/article/item/the_neuroscience_of_happiness#:~:text=%E2%80%9CThe%20mind%20is%20like%20Velcro,and%20Teflon%20for%20positive%20ones.%E2%80%9D&text=For%20years%2C%20research%20has%20shown,systems%2C%20for%20better%20or%20worse.

(17) „Short-term meditation training improves attention and self-regulation." Tang Y. Y., Ma Y, Wang J, Fan Y, Feng S, Lu Q, Yu Q, Sui D, Rothbart M. K., Fan M, Posner M. I. Proceedings of the National Academy of Sciences of the United States of America. 2007 Oct 23; 104(43):17152-56

(18) „An investigation of brain processes supporting meditation."Baerentsen K. B., Stodkilde-Jorgensen H, Sommerlund B, Hartmann T, Damsgaard-Madsen J, Fosnaes M, Green A. C. Cognitive Processing. 2010 Feb; 11(1):57-84

(19) „Exploring co-meditation as a means of reducing anxiety and facilitating relaxation in a nursing school setting." Malinski V. M., Todaro-Franceschi V. Journal of Holistic Nursing. 2011 Feb 28.

(20) „Genetic and environmental influences on girls' and boy's gender-typed and gender-neutral values." Kanfo A, Spinath F. M. Developmental Psychology. 2011 May; 47(3):726-31. „Phenotypic, genetic, and environmental properties of the portrait values questionnaire." Schermer J. A., Feather N. T., Zhu G, Martin N. G. Twin Research and Human Genetics. 2008 Oct; 11(5):531-37

(21) „Affirmation of personal values buffers neuroendocrine and psychological stress responses. „ Creswell J. D., Welch W. T., Taylor S. E., Sherman D. K., Gruenewald T. L., Mann T. Psychological Science. 2005 Nov; 16(11):846-51.

(22) „ Do messages about health risks threaten the self? Increasing the acceptance of threatening health messages via self-affirmation." Sherman D. K., Nelson L.D., Steele C. M. Personality and Social Psychology Bulletin. 2000 26:1046-58. „The cessation of rumination through self-affirmation." Koole S. L., Smeets K, Van Knippenberg A, Dijksterhuis A. Journal of Personality and Social Psychology. 19999 77:111-25

(23) Working with the Law, p. 53, BN Publishing, Raymond Holliwell

(24) The Power of Your Supermind, p. 136, New Life Foundation 1975, Vernon Howard

(25) The Power of Awareness, p. 16, Textbook Classics, Neville Goddard

(26) Working with the Law, p. 40, BN Publishing, Raymond Holliwell